半刚性基层抑制反射裂缝路面结构与材料设计

蔡燕霞　赵永成　曹东伟　胡建强　编著

人民交通出版社股份有限公司

北　京

内 容 提 要

本书介绍了目前国内外典型的路面结构,并对我国半刚性基层路面的发展及现状进行了总结分析,包括反射裂缝的形成和扩展机理、半刚性基层路面的优缺点及长寿命半刚性沥青路面典型结构的探讨。本书依托交通运输部科技示范工程项目,从原材料技术指标、级配选择、数值模拟计算、生产施工工艺等多个方面,对半刚性基层路面的具体实现过程进行了详细的讨论。

本书可供公路设计、施工、管理、科研人员使用,也可供相关专业研究生学习参考。

图书在版编目(CIP)数据

半刚性基层抑制反射裂缝路面结构与材料设计/蔡燕霞等编著. — 北京:人民交通出版社股份有限公司,2021.8

ISBN 978-7-114-17153-6

Ⅰ.①半… Ⅱ.①蔡… Ⅲ.①半刚性基层—半刚性路面—结构分析②半刚性基层—路面材料—设计 Ⅳ.①U416.223

中国版本图书馆 CIP 数据核字(2021)第 045885 号

书　　名:	半刚性基层抑制反射裂缝路面结构与材料设计
著 作 者:	蔡燕霞　赵永成　曹东伟　胡建强
责任编辑:	潘艳霞
责任校对:	孙国靖　龙　雪
责任印制:	张　凯
出版发行:	人民交通出版社股份有限公司
地　　址:	(100011)北京市朝阳区安定门外外馆斜街 3 号
网　　址:	http://www.ccpcl.com.cn
销售电话:	(010)59757973
总 经 销:	人民交通出版社股份有限公司发行部
经　　销:	各地新华书店
印　　刷:	北京交通印务有限公司
开　　本:	787×1092　1/16
印　　张:	7
字　　数:	114 千
版　　次:	2021 年 8 月　第 1 版
印　　次:	2021 年 8 月　第 1 次印刷
书　　号:	ISBN 978-7-114-17153-6
定　　价:	50.00 元

(有印刷、装订质量问题的图书由本公司负责调换)

前　言

近年来,我国交通事业飞速发展,公路里程逐年增加,路网日趋完善,为支持和保障国民经济持续快速发展起到了重要作用。半刚性基层材料由于具有优良的路用性能,且具有强度刚度高、造价低、施工方便等优点,而被用于我国高速公路路面基层,使用比例高达95%以上。因此,半刚性基层质量好坏直接影响道路路面质量和寿命,但半刚性基层存在反射裂缝且损坏后无法自愈的缺点也一直是无法解决的问题。

半刚性基层在道路工程中的应用已有60多年的历史,在欧洲、美国和日本等国家的应用非常广泛,在我国高速公路建设中的应用也已有30多年的历史,在使用过程中逐渐凸显出许多问题,如基层开裂、车辙等,缩短了路面的使用寿命,并且半刚性基层路面出现破坏后维修难度较大,且花费高、时间长,这些问题引发了国内外道路行业专家对于半刚性基层适用性的思考。20世纪60年代以来,美国和欧洲国家修筑了很多全厚式沥青路面,实现了较长的服务寿命,路面损坏仅需简单的处治即可继续使用,没有发生结构性的破坏,属于长寿命路面。而目前我国高速公路结构形式最主要的还是采用半刚性路面结构,就目前使用情况来看,基层裂缝的存在并不影响其结构的稳定性,且随着采用抗裂型水稳基层、适当增加面层厚度等方式,半刚性基层裂缝的影响已经得到了一定程度的控制,因此,半刚性基层仍将持续作为我国路面结构类型的最主要形式。

中路高科(北京)公路技术有限公司是交通运输部公路科学研究院所属的全资公司,于2019年被认定为公路建设与养护新材料技术应用交通运输行业研发中心,研发方向为新能源、新材料、新装备在交通运输领域的应用。

本书依托于由交通运输部公路科学研究院/中路高科(北京)公路技术有限公司承担的二连浩特至秦皇岛高速公路康保(河北内蒙古界)至沽源(张承高速公路)段科技示范工程项目,从原材料技术指标、级配选择、数值模拟计算、生产施工工艺等多个方面,对半刚性基层路面的具体实现过程进行了详细的讨论。第1章概述,主要对反射裂缝的形成和扩展机理、国内外半刚性基层路面的发展现状及应用、长寿命半刚性基层路面的概念、长寿命半刚性沥青路面典型结构进行了论述;第2章掺纤维级配碎石性能试验研究,结合室内试验主要对半刚性基层原材料、级配碎石配合比及成型方法和击实方法对级配碎石性能的影响进行研究;第3章高性能级配碎石基层沥青路面结构分析,制订了正交试验方案,运用HPDS2017软件对级配碎石基层沥青路面结构进行了力学分析计算,分别探究了级配碎石基层厚度和模量、沥青面层厚度和模量、半刚性基层厚度和模量、土基模量对沥青路面结构受力特点的影响,并推荐了一种高性能级配碎石基层沥青路面结构;第4章高性能级配碎石加速加载试验与车辙模拟分析,借助加速加载试验设备对试验路段进行了数据采集及结果分析,并与有限元模拟分析结果进行了对比;第5章以二秦高速公路高性能级配碎石基层试验路工程应用为例,从原材料检测、配合比设计、混合料性能验证、高性能级配碎石施工工艺、施工质量检测等方面进行了研究。

  本书在写作和研究过程中得到了众多专家学者、同行的大力支持,许多内容属于科研人员共同取得的成果。在此,特别感谢实体工程施工过程中各位同行提出的宝贵意见,感谢赵立东博士、韩丁丁博士、周晓雨在理论分析、试验研究及专著统稿中付出的辛勤劳动,感谢江苏工程职业技术学院魏建军老师提供的帮助。

  由于作者学识水平的局限,书中论述难免有不尽之处,望广大读者不吝指正!

作 者

2021年1月

目 录

第1章 概述 ·· 1
  1.1 反射裂缝的形成和扩展机理 ··· 2
  1.2 半刚性基层路面的发展现状及应用 ·· 3
  1.3 长寿命半刚性基层路面的概念 ·· 8
  1.4 长寿命半刚性基层沥青路面典型结构探讨 ····································· 9

第2章 掺纤维级配碎石性能试验研究 ·· 12
  2.1 级配碎石用粗集料 ·· 12
  2.2 级配碎石用细集料 ·· 14
  2.3 纤维 ·· 16
  2.4 级配碎石的级配 ·· 19
  2.5 不同成型方法对级配碎石性能影响试验研究 ································· 20
  2.6 不同击实方法对级配碎石抗剪强度影响试验研究 ·························· 24
  2.7 不同击实方法对级配碎石加州承载比(CBR)值影响试验研究 ······· 28
  2.8 掺纤维级配碎石抗剪强度试验研究 ··· 29
  2.9 掺纤维级配碎石 CBR 试验研究 ·· 31
  2.10 掺纤维级配碎石无侧限抗压强度试验 ··· 32

第3章 高性能级配碎石基层沥青路面结构分析 ·· 33
  3.1 HPDS2017 软件介绍及计算理论 ··· 33
  3.2 级配碎石基层沥青路面结构参数的敏感性分析 ····························· 35
  3.3 级配碎石基层沥青路面结构受力分析 ··· 43
  3.4 高性能级配碎石基层沥青路面结构推荐 ······································ 57

第4章 高性能级配碎石加速加载试验与车辙模拟分析 ······························ 64
  4.1 加速加载试验设备简介 ·· 64

4.2　加速加载试验……………………………………………………… 65
　　4.3　路面检测数据采集与分析…………………………………………… 67
　　4.4　高性能级配碎石基层沥青路面车辙有限元模拟分析……………… 76
第5章　二秦高速公路高性能级配碎石基层试验路工程应用…………… 87
　　5.1　试验路概况…………………………………………………………… 87
　　5.2　试验路配合比设计…………………………………………………… 88
　　5.3　施工工艺研究………………………………………………………… 91
　　5.4　施工质量检验………………………………………………………… 97
参考文献…………………………………………………………………………… 102

第1章 概　　述

随着我国交通事业的飞速发展,公路里程逐年增加。截至2019年底,我国公路总里程达到501.25万km,其中高等级公路14.96万km,高速公路网日趋完善,基本完成《"十三五"现代综合交通运输体系发展规划》中到2020年公路500万km,高速公路15万km的目标。据国家统计局数据显示,近五年来居民私人汽车拥有量约以每年2000万辆的数量增长,截至2019年底,我国居民私人汽车拥有总量为22513.40万辆。综合以上数据可以看出:我国高等级公路面临着繁重交通的严峻考验,作为一个国家的经济命脉,高速公路的建设为支持和保障国民经济持续快速发展起到了重要的作用。如何提高路面的使用品质,如何向社会提供更安全、舒适、快速的公路交通已成为我国交通部门追求的新目标。

我国修筑的高等级沥青路面普遍采用半刚性材料作为基层,半刚性基层是指采用无机结合料稳定集料或土类材料铺筑的基层,其中无机结合料包括水泥、石灰、粉煤灰等,其中水泥稳定集料类、石灰粉煤灰稳定集料类材料适用于各级公路的基层。对于冰冻地区、多雨潮湿地区,石灰粉煤灰稳定集料类材料宜用于高速公路、一级公路的下基层或底基层。石灰稳定类材料因其遇水膨胀性宜用于底基层及三、四级公路的基层,这种路面结构形式具有较高强度和稳定性以及便于就地取材等优点。伴随着30多年来半刚性基层在我国高速公路建设中的应用,在使用过程中出现了很多问题,如基层开裂导致反射裂缝,水分渗入导致半刚性基层表面的冲刷并使路面脱空、开裂;车辆超载后的破坏致使沥青面层内部剪应力增加,出现车辙拥包等损坏现象,缩短了路面的使用寿命;出现破坏后维修难度大,花费高,时间长等,这些问题使半刚性基层在我国是否继续适用受到普遍关注。

我国现在修筑道路所用的材料、机械、人员的素质已经较以前有了明显改进,有些省份甚至接近或超过西方发达国家的相应水平,但所铺筑的半刚性基层沥青路面很大部分不能达到预定的设计年限,在较短时间内不得不进行维修,不仅影响交通,而且极大地浪费了人力、物力、财力。而通过路面维修的经验总结,发现大多沥青路面结构出现破坏是由于半刚性基层产生破坏并导致面层的损坏,这也是质疑半刚性基层是否适用的根源所在。

半刚性基层的适用性是其与道路结构相适合的现象,是通过长期的实践和经验总结而形成的,现阶段对半刚性基层适用性的质疑主要体现在使用过程中出现的损坏及由此引起的面层损坏。调查表明,裂缝是半刚性基层病害中较为明显和出现频率较高的损坏现象。由于半刚性材料对温度和湿度的变化比较敏感,容易出现温缩和干缩裂缝,导致在裂缝处形成应力薄弱区,在荷载、车速、温度和路面结构等因素的共同作用下产生应力集中从而逐渐开裂并向上发展形成反射裂缝。反射裂缝不仅影响外观和行车舒适性,而且会造成路表水下渗,进一步导致基层破坏并影响路基稳定性,为路面产生车辙埋下隐患。因此,在半刚性基层材料满足要求的前提下,有必要针对减少裂缝从结构方面提高半刚性基层的适用性。

1.1　反射裂缝的形成和扩展机理

目前,我国半刚性基层路面基本上采用水泥、石灰、粉煤灰等水硬性结合料处治稳定碎砾石等基层材料。这类材料形成的路面结构层可能因结合料的凝固变形或干缩,或者因季节、昼夜温差引起收缩,在其结构层内部产生收缩裂缝。沥青面层对温度变化较敏感,尤其是在低温环境时。在交通荷载和温度应力的循环作用下,在基层开裂处大体对应的面层底部产生应力集中并向面层扩展而形成的裂缝称为基层反射裂缝。

根据其成因可以分为荷载型反射裂缝和温度型反射裂缝两种。其中,荷载型反射裂缝主要是由交通荷载作用产生的疲劳裂缝,表现为张开型和剪切型(Ⅰ+Ⅱ型)的开裂方式。当车轮荷载驶过反射裂缝时,对沥青面层产生两次剪切、一次弯曲作用。当车轮荷载位于反射裂缝正上方时,主要表现为张开型反射裂缝;当位于裂缝一侧时,主要表现为剪切型反射裂缝,如图1-1所示。

另外,温度型反射裂缝可分为低温收缩开裂和温度疲劳开裂,主要表现为张开型(Ⅰ型)开裂方式,温度变化引起路面结构产生两种变形:①温度下降,沥青面层产生收缩使得裂缝面背向移动形成张开型反射裂缝;②由于四季变化以及昼夜温差导致各结构层的温度不均匀分布,产生温度梯度,并且各结构层材料具有不同的热膨胀系数,将造成沥青面层的收缩和翘曲而导致面层产生反射裂缝,如图1-2所示。

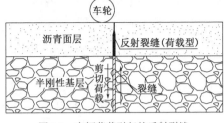
图 1-1 车辆荷载引起的反射裂缝
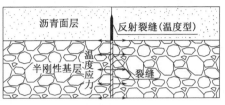
图 1-2 温度变化引起的反射裂缝

半刚性基层开裂后,不论在交通荷载还是温度梯度作用下,裂纹均可能向面层及路面深度方向扩展。对于向面层扩展的反射裂缝,其过程一般要经历三个阶段:①起裂阶段,半刚性基层中存在的裂缝缺陷引起沥青面层开裂;②稳定扩展阶段,从交通荷载或温度作用引起应力集中点开始向上扩展至沥青面层,并逐渐贯穿整个层厚;③破裂夹断阶段,沥青面层经过一段时间的运营,路表出现破坏。反射裂缝出现初期对路面结构的使用性能影响并不大,但随着雨水或雪水的浸入,基层承载力降低,导致裂缝两侧的路面结构层出现较大的垂直相对位移,影响路面的使用性能,同时降低了路面结构系统的安全性能,严重时可导致整个系统失效。

1.2 半刚性基层路面的发展现状及应用

1.2.1 国外半刚性基层路面发展现状及应用

1950年以前,法国主要的路面结构是手摆大石块底基层,上铺马克当碎石(即分层嵌锁的碎石)基层,后来逐渐采用连续级配的粒料做基层和底基层。但在重交通道路上,这些材料很快显示出其强度不足以预防在底基层中产生明显的剪应力,同时由于路面弯沉过大,沥青面层很容易开裂。从1955年开始,法国采用水泥稳定材料,水泥稳定基层和矿渣稳定基层都得到了很大发展。通过设计合适的水泥稳定基层克服上述材料的缺点,初期采用路拌法施工,接着又采用集中厂拌法施工。水泥稳定材料的缺点是凝结时间短,施工组织较为困难。为了克服以上缺点,法国开发利用了加少量石灰的粒状矿渣,这是一种慢凝结的结合料。采用这种材料除了便于施工外,还可解决工业废渣的问题。另外,石灰粉煤灰也是一种很好的慢凝结合料。

自1968年开始,法国在各种等级的公路上,无论是新建公路或是国家公路网的补强、改建工程中都广泛采用半刚性基层。在重交通道路上,在半刚性基层上铺筑 6~10cm 沥青面层;在轻交通道路上,在半刚性基层上仅铺筑喷洒型沥青表面处治。法国路面设计的标准轴载是 13t。半刚性基层的厚度随气候条件、交通量和土的强度而异,在 20~50cm 范围内变化。

在重交通道路上,通常使用高质量的集料。使用边缘材料时要求进行特殊设计,施工要特别细心。在轻交通道路上,为尽量利用就地材料,也用水泥稳定砂、稳定软质的或污染的石灰岩和粉土。法国在不同交通等级的道路以及不同承载能力的土基上,采用的半刚性基层沥青路面的典型结构如图 1-3 所示。图上交通等级以设计行车道上单向年平均日载重(载重 5t 及以上)汽车数区分:T_3—50~150 辆/d,T_2—150~300 辆/d,T_1—300~750 辆/d,T_0—750~2000 辆/d。图上 PF_1、PF_2 和 PF_3 为按承载能力大小区分的三类土基。通常,PF_1 指细粒土 S1(粉土、亚黏土、黏土以及砂质或砾质土,其含水率在轻型击实试验法最佳含水率附近)的路基,且有 20~30cm 厚的路基改善基层。图上各种结构的面层均为沥青混凝土,基层和底基层旁无括号的数字指水泥稳定粒料的厚度,括号内的数字指石灰粉煤灰粒料的厚度。

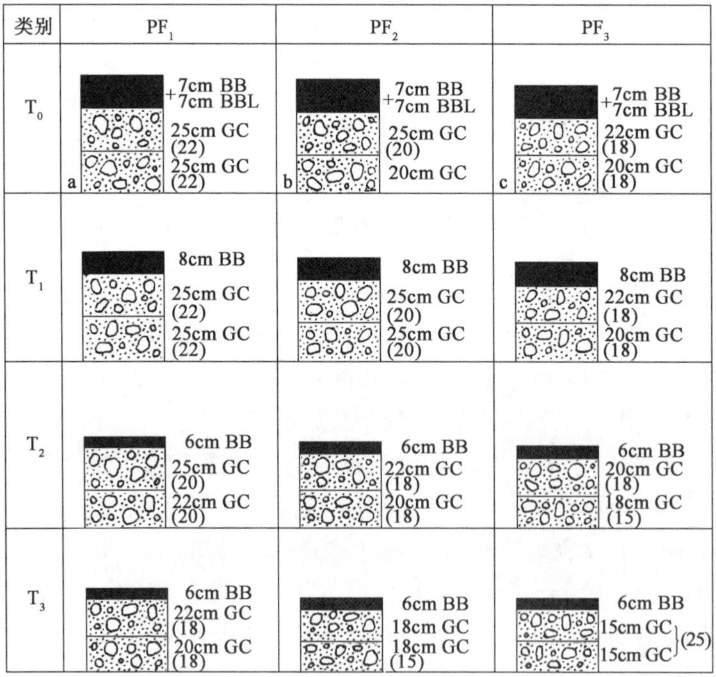

类别	PF_1	PF_2	PF_3
T_0	+7cm BB +7cm BBL 25cm GC (22) 25cm GC (22) a	+7cm BB +7cm BB 25cm GC (20) 20cm GC (20) b	+7cm BB +7cm BBL 22cm GC (18) 20cm GC (18) c
T_1	8cm BB 25cm GC (22) 25cm GC (22)	8cm BB 25cm GC (20) 25cm GC (20)	8cm BB 22cm GC (18) 20cm GC (18)
T_2	6cm BB 25cm GC (20) 22cm GC (20)	6cm BB 22cm GC (18) 20cm GC (18)	6cm BB 20cm GC (18) 18cm GC (15)
T_3	6cm BB 22cm GC (18) 20cm GC (18)	6cm BB 18cm GC 18cm GC (15)	6cm BB 15cm GC (25) 15cm GC

图 1-3 法国不同交通等级道路上半刚性基层沥青路面典型结构

第1章 概 述

法国1988年版典型结构手册将路面结构分为六类,分别为全厚式沥青路面、水硬性结合料处治基层路面、组合式结构路面、水泥混凝土刚性基层路面、柔性结构路面、倒装结构路面,见表1-1,基层材料的规定厚度、施工最小和最大厚度见表1-2。

法国路面典型基层结构组合　　　　　　　　　　　　　表1-1

路面结构类型	基层结构组合
全厚式沥青路面	GB2/GB3/EME2
水硬性结合料处治基层路面	GC/GLR/GCH(G3 或 G4) + GC/GLR/GCH(G3 或 G4),GC/GLR/GCH(G3) + SC2, GLp(G2) + GLp(G2),GLp(G2) + SL2, GLg/GLp(G1) + GLg/GLp(G1),GLg/GLp(G1) + SC3, GCV(G3) + GCV(G3),GCV(G3) + SL3
组合式结构路面	GB3 + GC/GLR/GCH(G3),GB3 + GLp(G2),GB3 + SC3,GB3 + SL3
水泥混凝土刚性基层路面	BAC/BC5 + BC2,BAC + BBSG,BC5 + BC2/GC3,BC5 + 透水层
柔性结构路面	GB3 + GNT(B2),GNT(B2) + GNT(B2)
倒装结构路面	GB3 + GNT(B2C1)

法国基层材料的规定厚度、施工最小和最大厚度(cm)　　　表1-2

基层材料	GB		EME			GH	SH	GNT		BAC	BC2
	0/14	0/20	0/10	0/14	0/20	0/20		0/14	0/20		
最小厚度	8	10	6	7	10			10	15	14	12
最大厚度	12	15	10	12	13	32	45	32	35	30	40

注:BAC为连续配筋混凝土,BBSG为半开级配沥青混凝土,BCi为i级水泥混凝土,EMEi为i级高模量沥青混合料,GBi为i级沥青碎石,GCH为水硬性炉渣碎石,GCi为水泥碎石,GCV为石灰硅铝粉煤灰碎石,Gi和Si为材料等级,GH为水硬性结合料碎石,GLg为粒状矿渣碎石,GLp为预研磨矿渣碎石,GLR为路用结合料稳定碎石,GNT(BiCj)为未处治碎石(Bi类强度Cj级),SCi为i级水泥稳定砂,SH为水硬性结合料稳定砂,SLi为i级矿渣。

南非现行规范是利用路面结构表进行设计,路面结构设计查表法与其他现行设计方法结合。在南非采用的主要路面基层类型有以下四类:粒料类、水泥稳定类、沥青类和水泥混凝土类,各种路面类型由于不同维修对策和不同环境条件表现出不同的结构性能。其中,粒料基层路面是在粒料和水泥稳定砂砾石上铺设未处治的砾石或轧制碎石,路基为多种土或天然砂砾,破坏模式通常受底基层类型控制。水泥稳定类基层路面可根据材料质量和寿命周期决策分为结合料和非结合料底基层,一般非结合料底基层的水泥稳定基层路面结构平衡较弱,特别是水侵入底基层后,在超载条件下更加敏感。沥青类基层路面的基层厚度大于8cm,容易产生变形和疲劳开裂,设计中建议采用两种底基层,即非结合粒料与简单稳定结合材料。

英国早在20世纪40—60年代就铺筑了试验路段,检验不同类型与厚度的基层的使用性能,分别采用贫混凝土基层、水泥稳定土基层、水泥稳定基层、级配碎石基层、湿拌碎石基层、渣油碎石基层和沥青稳定碎石基层。通过对试验路几十年的变形和开裂观测以及进行的各项试验研究表明,沥青稳定碎石基层表现出较其他类型更好的使用性能和经济效益。因此,沥青稳定碎石基层随后成为英国使用最广泛的基层类型。在英国,常用的沥青稳定基层混合料有:密级配沥青碎石混合料(DBM)、热拌热铺沥青混凝土(HRA)、密级配煤沥青碎石混合料(DTM)、使用针入度为50的沥青(DBM50)、多碎石沥青混合料(HDM)。此外,英国还将再生沥青混合料用于基层。再生材料的最大掺配比例为30%,最大粒径≤40mm。

德国路面在结构层组合设计方面,含有沥青的结构层数多,在高速公路上达到4~5层,除上面的层厚3.5~4cm外,其余各层厚度一般不小于8cm。从德国多年来的经验分析,含沥青结构层数多的一个主要特点是路面裂缝少。二灰碎石和水泥稳定碎石基层开裂问题一直是困扰各国公路科技人员的难题,而在德国只要路基强度达到要求,采用多层沥青结构层,由于厚度增加,下面结构层开裂也不容易反射到路面表面,大大减少了路面的开裂。德国用于基层的沥青稳定材料既用热沥青稳定又采用乳化沥青泡沫在常温下进行稳定处理。德国已制定了技术标准 ZTVT~StB 和 ZTVV~StB。在热沥青稳定处理材料中,德国提出了五类(AO、A、B、C、CS)材料配合比和技术标准。例如,C类(0/22、0/32)、材料配合比为2mm筛孔通过率20%~40%,0.09mm筛孔通过率3%~10%,沥青用量为3.6%。同时规定这种材料的质量要达到标准马歇尔稳定度5kN、流值1.5~4.0mm、空隙率4%~10%。由于环保和降低成本的需要,德国研究开发利用乳化沥青和泡沫沥青稳定粒料作为基层。粒料可以是经过筛分的碎石材料,也可以是回收的旧沥青路面材料(RAP),或者这两种材料混合使用。为提高稳定基层材料的水稳性和初期强度,通常另加1%~2%的水泥。

日本路面设计中,上基层常采用的材料为沥青稳定碎石、水泥及沥青综合稳定碎石、级配碎石等,底基层多为未筛碎石、水泥稳定处理、石灰稳定处理。在日本沥青路面结构设计方法——经验法中,路面基层必须符合表1-3关于最小厚度的规定。

日本沥青路面基层的最小厚度　　　　　表 1-3

材料及施工方法	一层的最小厚度	材料及施工方法	一层的最小厚度
沥青稳定碎石基层	最大粒径的 2 倍，且不小于 5cm	其他基层材料	最大粒径的 3 倍，且不小于 10cm

在表 1-3 中，若上基层采用水泥稳定碎石基层，当交通量小于 1000 辆/d 时，最小厚度不宜小于 15cm，当交通量大于 1000 辆/d 时，最小厚度宜大于 20cm。同时，为了防止反射裂缝，对交通量小于 1000 辆/d 的路段，7d 抗压强度应予以降低；对交通量大于 1000 辆/d 的上基层，由于沥青稳定碎石基层的平整度比级配碎石容易达到，同时为了防止出现裂缝后路面迅速破坏，较多地使用沥青稳定碎石基层。

1.2.2　国内半刚性基层路面发展现状及应用

半刚性基层沥青路面是我国高等级公路的典型路面结构形式，如表 1-4 所示。随着我国基础设施建设迅猛发展，高速公路以其独有的优势在国民经济中发挥着日益重要的作用。然而，近些年由于经济快速发展带来的交通量和车辆荷载的急剧增加，以及极端恶劣天气条件的频发，在荷载—环境耦合作用下服役的道路面临着更大的挑战。

我国高速公路典型路面结构　　　　　表 1-4

路　　名	面层及厚度(cm)	基层及厚度(cm)	底基层及厚度(cm)
沈大高速公路	5 中粒式 +5 粗粒式 +5 沥青碎石(15)	水泥砂砾(20)	砂砾或矿渣(20)
广佛高速公路	4 中粒式 +5 粗粒式 +6 沥青碎石(15)	水泥级配碎石或石屑(25)	水泥石屑或水泥土(28)
沪嘉高速公路	中粒式 + 粗粒式 + 沥青贯入(17)	粉煤灰三渣(46)	砂砾(20)
广深高速公路	4 中粒式 +18 粗粒式 +10 沥青碎石(32)	水泥碎石(23)	级配碎石 + 未筛分碎石(55)
京津塘高速公路	中粒式 + 粗粒式 + 沥青碎石(23)	水泥稳定粒料或石灰粉煤灰碎石(25)	石灰土或水泥土(35)
京石高速公路（北京段）	细粒式 + 中粒式 + 沥青碎石(15)	水泥砂砾(20)	二灰砂砾(20)
京石高速公路（河北段）	3 中粒式 +5 沥青碎石(8)	水泥碎石 + 二灰碎石(20)	石灰土(43)
沪宁高速公路（江苏段）	VAC-16B(4) + AC-25 Ⅰ (6) + AC-25(6) Ⅱ	二灰碎石(20)	二灰土(40)
沂淮江高速公路	AK-16C(4.5) + AC-25 Ⅰ (5) + AC-25 Ⅰ (7)	二灰碎石(34)	二灰土(20)

在国内,由于经济、技术条件所限,长期以来,各级公路大多采用半刚性材料修筑路面基层和底基层。我国七五期间及以后建设的一些高速公路的基层几乎全部采用了半刚性基层类型水泥稳定类和石灰稳定类。2017年新版《公路沥青路面设计规范》(JTG D50—2017)出版,目前还没有按照此设计方法设计的公路,现存的高速公路沥青路面大部分是按照2006年版《公路沥青路面设计规范》(JTG D50—2006)设计建设的,这些公路已普遍进入维修阶段。目前,业内人士对半刚性基层沥青路面的早期病害及该种路面结构的弊端也开始有了较为清晰的认识,针对半刚性基层沥青路面存在的病害,国内开展了大量的研究。

一方面,研究人员针对半刚性材料存在的不足,对其提出了进一步的改进措施,以期消减或克服路面早期病害。如长安大学对半刚性材料提出的骨架密实型、悬浮密实型、骨架空隙型三种集料结构类型,采用体积法计算确定半刚性材料中细集料和结合料的压实体积和重量,推荐采用骨架密实型结构以提高半刚性材料的路用性能。

另一方面,部分专家在研究美国、日本及欧洲等先进国家全厚式路面结构体系后,对国内目前大量采用半刚性基层的适用性、现行沥青路面设计理论、路面厚度设计控制指标路表弯沉、结构层弯拉应力的合理性提出质疑,并大力推广与国际接轨的道路设计理念。因此,采用沥青稳定基层等柔性基层、贫混凝土等刚性基层的应用研究逐渐受到人们的重视,有些省市先后进行相关的室内试验研究和试验路段铺筑。如江苏省开展的超级沥青路面研究使用效果反映良好,但系统的研究成果相对较少,且路面的长期使用性能有待进一步验证。在这样的背景下,修筑更耐久的长寿命半刚性基层路面成为了道路工程领域研究的热点问题。

1.3 长寿命半刚性基层路面的概念

长寿命沥青路面(Longlife Asphalt Pavement)的设计理念最初是由欧洲国家提出的,习惯上也被称为耐久性路面。美国沥青路面联盟(APA)对欧洲的长寿命路面设计理念进行了进一步发展,提出了永久性路面(Perpetual Pavement)这一概念。长寿命沥青路面或是耐久性沥青路面通常是指40~50年的设计年限期间不发生结构性损坏,仅需要每15~20年对面层进行维护的路面。需要注意的是,这一概念并不是全新的或者特定的路面结构组合形式。自20世纪60年代以来,美国和欧洲国家修筑了很多全厚式或者其他形式的沥青路面,在使用过程中发现,这些路面性能优良,在交通和环境荷载等外界条件的作用下也实现了较长的服务寿命,路面出现损坏仅需要简单的处治仍可继续使用,没有发生结构性的破坏。从使用功能的角度出发,这样的结构属于长寿命路面的范畴。

国外的耐久性路面一般是根据不同层位功能,按照不同的破坏模式进行设计。国外的耐久性路面典型结构如图1-4所示。下面层沥青用量较高(富油层),或者路面的整体较厚,使得下面层的拉应变显著降低,能够很好地抵抗由下至上的疲劳开裂,较高的沥青用量还能提供耐久性;中面层通过集料之间的嵌挤结构提供抗车辙能力;表面层有很好的抗滑、防水、抗开裂的性能。

图1-4　国外耐久性路面典型结构

1.4　长寿命半刚性基层沥青路面典型结构探讨

通过对目前已有的沥青路面设计方法总结,目前世界上主要国家和有代表性的沥青路面结构设计方法如表1-5所示。

各国沥青路面结构设计方法汇总　　　　表1-5

国家或机构	路面设计模型	损坏模式	使用条件	路面结构修筑材料
澳大利亚	多层弹性	疲劳(沥青层、水泥稳定层) 车辙(路基压应变、沥青层)	交通荷载 温度 湿度	沥青混凝土 无机结合料稳定材料 粒料材料
法国	多层弹性	疲劳(沥青层、水泥稳定层) 车辙(沥青层) 路基压应变	交通荷载 温度	沥青混凝土 无机结合料稳定材料 粒料材料

续上表

国家或机构	路面设计模型	损坏模式	使用条件	路面结构修筑材料
美国 AI	多层弹性	疲劳(沥青层) 车辙(路基压应变、沥青层)	交通荷载 温度	沥青混凝土 无机结合料稳定材料 粒料材料
美国 AASHTO	多层弹性	车辙(路基压应变、粒料层、沥青层) 低温收缩 平整度	交通荷载 温度 湿度 冻融	沥青混凝土 无机结合料稳定材料 粒料材料
英国	多层弹性	疲劳(处治层) 车辙 路基压应变	交通荷载 温度	沥青混凝土 粒料材料
南非	多层弹性或黏弹性	疲劳(沥青层、水泥稳定层) 车辙(路基压应变、粒料层剪切)	交通荷载 温度	沥青混凝土 无机结合料稳定材料 粒料材料
俄罗斯	多层弹性	容许弯沉 疲劳(沥青层、水泥稳定层) 土基剪应力	交通荷载 温度	沥青混凝土 沥青稳定材料 无机结合料稳定材料 粒料材料
日本	弹性层状体系	沥青混凝土疲劳破坏 车辙 平整度 土基压应变	温度 降水	热拌沥青混合料 沥青稳定碎石基层
德国	弹性层状体系	沥青混凝土疲劳破坏 车辙 压实度 土基压应变	温度 降水	沥青混凝土 沥青马蹄脂碎石混合料 级配碎石 水泥稳定集料

　　国外沥青路面设计均采用多层弹性体系理论,损坏模式主要是疲劳和永久变形,路面设计中考虑的外部使用条件主要是交通荷载和温度,所使用的路面结构材料主要有沥青混凝土、沥青稳定材料、无机结合料稳定材料和粒料材料。各国在沥青路面结构形式组合的应用方面存在着较大差异,主要表现在常用路面结构形式的不同。除个别国家外,在路面结构厚度设计方面的差异并不大,比如南非的沥青路面结构中,沥青层的厚度不论交通量大小和道路等级,一般都在 3～5cm。

　　国外大都采用柔性基层沥青路面和全厚式沥青路面结构形式。但是柔性基层沥青路面并不适用于中国目前重载交通比例较高的国情,半刚性基层沥青路面结构形式是中国当下高速公路的最主要结构形式。就目前使用情况来看,基层裂缝的存在并不影响其结构的稳定性,且随着采用抗裂型水稳基层、适当增加面层厚度等方式,半刚性基层裂缝的影响已经得到了一定程度的控制,该路面结构类型在中国还会持续应用下去。

在设计长寿命半刚性基层沥青路面结构过程中,应考虑不同结构层位在结构中所承担的使用功能和特性,对各结构层分层设计,针对不同结构层位提出不同设计指标。具体来说有以下一些要求:

(1)表面层作为功能层,与车辆荷载和外界环境直接接触,设计时其应具有较好的抗老化、抗车辙、抗表面开裂等性能。另外还要考虑抗滑、减少噪声、行车舒适性等功能要求。

(2)中、下面层起扩散荷载的作用,必须同时具有耐久性和稳定性。这一层是承受荷载作用的高应力区,极易受到剪切作用破坏。因此,该层需具有足够的抗变形能力来抵抗靠近路表面的高剪应力,同时,该层也需具有高劲度模量来扩散荷载,减小基层和土基的应力应变,保证行驶质量等。另外,下面层层底在车轮荷载的反复作用下,由于实际与基层之间的不完全连续接触状态导致底层出现拉应力,也会产生疲劳开裂现象,因此,下面层也要具有很好的抗疲劳能力。

(3)基层设置在面层之下,是路面主要的承重层,基层需要较高的强度。同时基层底面承受较大的拉应力,易产生疲劳开裂,长寿命路面要求基层具有较好的抗疲劳能力。

第 2 章 掺纤维级配碎石性能试验研究

级配碎石是指各档粒径的碎石和石屑按一定比例混合,级配满足一定要求且塑性指数和承载比均符合规定要求的混合料。由于缺少水泥、沥青、石灰石等黏结料的黏结作用,石料本身的强度及石料之间的嵌挤力是级配碎石混合料强度的主要来源。在实际工程运用中,为了获取高稳定性及高强度的级配碎石,主要通过取得高质量石料,获得合理的级配及施工方法等途径来实现。级配碎石是一种散体柔性基层材料,铺在沥青路面与半刚性基层之间能够有效地缓解半刚性基层沥青路面的反射裂缝,但因其自身力学性能(抗拉、抗剪强度,失效应变)较差,在车辆荷载作用下容易产生永久变形及疲劳裂缝,虽通过对级配碎石原材料质量、配合比设计及成型方法等环节进行优化,其性能有所改善或提高,但是为了使其能够更好服务于道路,本章研究了纤维掺入级配碎石后对级配碎石强度的影响。

2.1 级配碎石用粗集料

2.1.1 粗集料强度

级配碎石强度主要来源于碎石本身强度及碎石颗粒之间的嵌挤力,因此粗集料的强度指标对级配碎石混合料的强度具有重要影响。对于压碎值的要求参照现行规范《公路路面基层施工技术细则》(JTG/T F20—2015)中规定,作为基层的级配碎石,对于高速公路和一级公路的重、中、轻交通等级,压碎值要求不大于26%;极重、特重交通等级,压碎值要求不大于22%。

2.1.2 粗集料针片状颗粒含量

在生产拌和、摊铺、碾压过程中,级配碎石混合料中的细长扁平颗粒容易折断压碎,所以对于级配碎石原材料的技术要求中要控制针片状颗粒的含量。对于级配碎石粗集料的针片状含量控制参照现行规范《公路路面基层施工技术细则》(JTG/T F20—2015)中的规定,对于高速公路和一级公路,作为基层级配碎石针片状颗粒含量要求不大于18%,底基层级配碎石要求不大于20%。

2.1.3 级配碎石材料技术要求建议值

实践表明,集料质量的好与坏直接影响级配碎石铺筑的成败。结合现行规范《公路路面基层施工技术细则》(JTG/T F20—2015)中对于级配碎石集料方面的要求,另外结合我国集料和国外规范现行情况,对级配碎石细集料的技术要求中增加砂当量、亚甲蓝、液限三个指标,同时细化现行规范中对级配碎石细集料塑性指数的要求。级配碎石材料技术要求建议值如表2-1所示。

级配碎石材料技术要求建议值 表2-1

试验项目	细集料技术指标	粗集料技术指标
液限(%)	≤25	—
塑性指数(%)	≤4	—
砂当量(%)	≥45	—
亚甲蓝值(g/kg)	≤3.0	—
压碎值(%)	—	≤26
针片状颗粒含量(%)	—	≤18

不应有黏土团、植物等有害物质,细集料禁止使用天然砂。本章中确定的粗细集料技术要求按《级配碎石基层集料技术要求》中相关规定进行。表2-2为现场级配碎石材料中粗集料各项指标试验结果。

粗集料各项指标试验结果 表2-2

指标		单位	试验结果			技术要求	试验方法
			5~10mm	10~20mm	20~30mm		
压碎值		%	14.2	18.8	16.5	≤22	T 0316
表观相对密度		—	2.603	2.605	2.603	≥2.50	T 0304 T 0328
吸水率		%	0.86	0.70	0.80	≤3	T 0304
坚固性		%	—	0	0	≤12	T 0314
水洗法<0.075mm粉尘含量		%	0.8	0.5	0.9	≤1.2	T 0310
针片状颗粒含量	混合料	%	9.8	9.5	8.4	≤18	T 0312
	>9.5mm					≤15	
	4.75~9.5mm					≤20	
软石含量		%	0.9	0.3	0.3	≤3	T 0320

2.2 级配碎石用细集料

2.2.1 细集料的洁净度控制

长期以来影响我国级配碎石道路应用和推广的一个重要因素就是集料的质量较差,而细集料中的泥土含量又是关键的因素之一。砂当量是集料技术要求的一个重要指标,可以用来控制级配碎石细集料的洁净度。砂当量最早由美国发明,1950年左右引入法国等并得到应用,最初主要用于水泥混凝土细集料的评价。砂当量测试指标具有操作简便、检测快捷的特点,在实际工程中普遍采用,根据工程实际经验发现砂当量对区分小于0.02mm颗粒中细料和泥土较为有效,但有部分细料会在存储和运输过程中被黏土包裹从而被误认为是有害物质,测试得到砂当量值会偏低。

由表2-3可知,对于级配碎石基层,砂当量的标准中以法国定的最高为50%,加州的标准最低为25%,其他各国外规范标准一般为30%~40%;同时,由国内部分工程细集料砂当量的测试结果看(表2-4),除了个别含泥量较大的集料处在45%以下,其余工程的细集料的砂当量均在45%以上。

不同规范中级配碎石细集料的砂当量　　　　　表2-3

不同规范	美国试验与材料协会		中国台湾规范		法国规范	加拿大规范		加州规范	
结构层位	基层	底基层	基层	底基层	基层	基层	底基层	基层	底基层
砂当量,≥(%)	35	30	40	35	50	30~40	20	25	21

国内部分工程中细集料的砂当量　　　　　表2-4

细集料来源	岩性	砂当量(%)
四川南广路(较干净)	石灰岩	50.9
四川南广路(含泥量较大)	石灰岩	20.5
青海马平路	石灰岩	55.1
青海马平路	花岗岩	56.3
杭州试验路	石灰岩	48.9
昌平料场	石灰岩	65
苏州试验路(较干净)	石灰岩	62

续上表

细集料来源	岩　　性	砂当量(%)
苏州试验路(含泥量较大)	石灰岩	26.5
浙江湖州	安山岩	78
四川内江	石灰岩	75
河北井陉	安山岩	50
山东昌平	玄武岩	48

结合国外规范和国内部分工程的实测数据,建议我国级配碎石的细集料的砂当量指标不小于45%。当然,若砂当量合格,则可认为该细集料满足混合料使用要求;若砂当量不满足要求,表明细集料太多。但这些细料是否是有害物质需进一步分析。因此,本书的研究中增加了亚甲蓝指标,采用砂当量和亚甲蓝值双指标控制细集料的洁净度。法国规范规定:级配碎石基层、底基层砂当量不小于50%,亚甲蓝不大于2.5g/kg;希腊规范规定:级配碎石基层砂当量不小于50%～40%,亚甲蓝不大于3.0g/kg;国内学者严二虎、李福普等对沥青混合料0～2.36mm细集料研究后发现,当砂当量不小于45%时,取亚甲蓝值不大于3g/kg,细集料的合格率为88%;当取亚甲蓝值不大于1g/kg和1.5g/kg时,对应的细集料合格率分别为26%、38%。可以看出,对亚甲蓝值控制值设定的大,细集料的合格率会显著增加。结合国内外对砂当量和亚甲蓝值的研究,建议对级配碎石基层细集料的亚甲蓝值技术要求为不大于3g/kg。砂当量和亚甲蓝值双指标控制的应用原则:①若砂当量满足不小于45%的要求,则该细集料认定合格,不需再进行亚甲蓝测试;②若砂当量不满足要求,则需进行亚甲蓝试验检测,亚甲蓝值合格则细集料合格。

2.2.2　液限和塑性指数

当小于0.075m粒料的含量较大时,其塑性指数对级配碎石性质影响较大。研究表明,塑性指数越大,级配碎石混合料的承载比越小、水稳性越差。当细粒料含量少时,其塑性指数对强度的影响不大,但细粒料的含量增大,其塑性指数对混合料的影响会增大。因此,应严格控制级配碎石小于0.075m含量和塑性指数。

《公路路面基层施工技术细则》(JTG/T F20—2015)中规定,级配碎石细集料的塑性指数不大于12%,而对液限没有明确规定。查阅相关资料,将我国部分工程的0.5mm以下集料的液限、塑性指数情况列于表2-5中。

国内部分工程的 0.5mm 以下集料的液限、塑性指数　　表 2-5

细集料来源	岩 性	液限(%)	塑性指数(%)
四川南广路(较干净)	石灰岩	19	1.8
四川南广路(含泥量较大)	石灰岩	26.2	7.1
青海马平路	石灰岩	20.3	2.8
青海马平路	花岗岩	21.6	3.1
杭州试验路	石灰岩	19.1	3.2
北京昌平料场	石灰岩	19.8	3.7
苏州试验路(较干净)	石灰岩	22.7	2.9
苏州试验路(含泥量较大)	石灰岩	28.6	6.7
北京通州区	石灰岩	14.5	2.3
山东昌平	玄武岩	22.9	3.4
江苏南京	玄武岩	24.5	4.0

因此，根据我国集料的调查测试情况，仅有南广试验路和苏州含泥量较大的试验路液限大于25%、塑性指数大于4%，因此，建议级配碎石所使用的0.5mm以下集料的液限不大于25%，塑性指数不大于4%。表2-6为现场级配碎石材料中细集料各项指标试验结果。

细集料试验结果　　表 2-6

指　标	单　位	试验结果	技术要求	试验方法
表观相对密度	—	2.627	≥2.50	T 0304 T 0328
坚固性	%	0	≤12 (>0.3mm 部分)	T 0314
液限	%	22.4	<25	T 0118
塑性指数	%	3	<4	T 0118
亚甲蓝值	g/kg	1.0	<1.5	T 0349
砂当量	%	57	≥50	T 0334

2.3　纤　　维

2.3.1　纤维增强机理

纤维在级配碎石中的作用机理是减少和消除由外载引起的微裂缝及细小裂

缝。纤维级配碎石中,主要通过采用调整纤维自身的长细比、形状及掺量等方法改变纤维级配碎石的相关物理性质,提高纤维与级配碎石材料之间的相互作用力,其作用力主要有摩擦力、黏结力及其他作用力。

当受到载荷作用时,纤维与级配碎石共同承担由外载引起的应力、应变,由于乱向分布的纤维,构成了一种三维乱向的支撑网或网架结构,进而产生一种有效的加强效果,可以有效提升纤维级配碎石的连续性,有效分散应力的局部集中,降低应力水平;当外载作用较大,超过纤维与级配碎石的黏结力时,纤维与级配碎石间会产生相对滑动,从而在纤维与级配碎石的接触表面上产生部分塑性变形,并通过相对滑动及纤维塑性变形耗散掉部分应变能,降低其应力水平,有效阻止裂缝的生成与扩展,提高纤维级配碎石抵抗塑性应变的能力,从而提高其抗拉强度和抗剪强度。

目前,在道路建设工程中,沥青混合料中使用较多的纤维有矿物纤维、聚酯纤维、聚丙烯纤维及玻璃纤维等几种,而在级配碎石混合料中,纤维级配碎石的研究相对比较少,只有少量研究人员对其进行了研究。天津大学周卫峰研究发现,在道路行业常用纤维中,聚丙烯纤维改善级配碎石的效果比较明显,而且经济合理,因此本书将选择W型聚丙烯纤维加入级配碎石中,并对其混合料性能开展进一步的研究。

2.3.2 纤维技术要求

在纤维级配碎石中,聚丙烯纤维的弹性模量、拉伸强度及断裂伸长率等指标对纤维级配碎石性能的影响比较明显。表2-7为现场级配碎石材料中聚丙烯纤维的各项指标试验结果及技术要求。

聚丙烯纤维技术指标 表2-7

检测项目	单位	检测值	规定值
直径	mm	0.8	0.8~1.1
熔点	℃	162	160~165
弹性模量	MPa	4125	≥3500
拉伸强度	MPa	636	≥500
断裂伸长率	%	—	15±2
长度	mm	25	25±2
耐碱酸度	—	—	强

2.3.3 纤维掺量确定

在纤维级配碎石中,纤维的掺量对其力学性能和路用性能的影响都比较大,因此,为了确定纤维级配碎石混合料中聚丙烯纤维的最优掺量,以劈裂强度(间接抗拉强度)为指标,对不同掺量的纤维级配碎石试样的劈裂强度进行对比研究。

在振动击实的基础上,选用了0‰、1‰、2‰、3‰、4‰共五种掺量(质量比)分别加入具有相同级配和含水率的级配碎石混合料中进行成型,然后将成型好的试样放在夹具上进行劈裂试验,其加载速度为1mm/min,如图2-1所示,其试验结果如表2-8及图2-2所示。

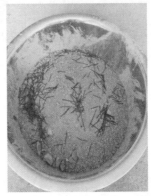

图2-1 试验所用纤维及劈裂试验

不同掺量纤维的劈裂强度　　　　表2-8

纤维掺量(‰)	0	1	2	3	4
劈裂强度(kPa)	16.65	23.84	19.15	17.15	16.15

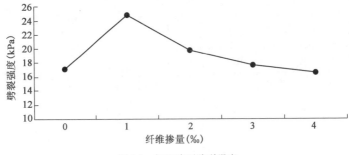

图2-2 级配碎石劈裂强度

从以上的试验结果可以看出,较低的纤维掺量对改善级配碎石劈裂强度的效果明显。随纤维掺量的增加,级配碎石的劈裂强度先增大后减小。当纤维掺量从0‰增长至1‰时,级配碎石的劈裂强度增大,且增大速度较快,并在纤维掺量为1‰时达到最大值;当纤维掺量从1‰增至4‰时,劈裂强度呈衰减趋势,且纤维掺量从1‰增加到2‰时,衰减速度比较大,当其超过3‰时,劈裂强度的衰减趋于平缓。

添加纤维虽然可以增大级配碎石的劈裂强度,提升级配碎石的抗拉强度,即提高级配碎石整体的抗变形能力,但是纤维的掺量必须控制在合理的范围内。当掺量过高时,级配碎石强度提升不明显,而且也不经济;当掺量过低时,施工和易性较差,不易拌和均匀,从而影响其混合料强度。因此,纤维的掺量选择1‰比较合理。

为了进一步研究纤维级配碎石(1‰掺量)的性能,本节将在振动击实的基础上,通过CBR试验、无侧限抗压强度试验及三轴压缩试验对比研究纤维级配碎石与级配碎石的力学性能。

2.4 级配碎石的级配

级配碎石作为路面的结构层,必须具有良好的力学特性和稳定性才能起到间接承受车辆荷载的作用。级配是影响级配碎石力学特性(CBR值、抗剪切性能、回弹模量)、塑性总变形的主要因素。级配碎石的组成设计必须以级配碎石具有良好的力学特性、塑性总变形为设计目标来检验级配的优劣。

二秦公路级配碎石基层中组成级配碎石选用的各档集料分别为:0~4.75mm、4.75~9.5mm、9.5~19mm、19~37.5mm 四档。根据《公路路面基层施工技术细则》(JTG/T F20—2015)中给出的级配碎石的级配范围,要求级配碎石选用的级配应在表2-9中规定的级配范围内,并控制19.0mm、4.75mm、2.36mm、0.075mm 四个筛孔的通过率接近级配范围中值。图2-3中绘出了二秦公路级配碎石基层配合比及级配曲线图。

原材料筛分结果及配比　　　　　　　表2-9

筛孔尺寸(mm)	31.5	26.5	19	16	9.5	13.2	4.75	2.36	1.18	0.6	0.3	0.15	0.075	比例(%)
19~31.5	100.0	76.1	19.0	3.0	0.3	0.0	0.0	0.0	0.0	0.0	0.0	0.0	0.0	30
9.5~19	100.0	100.0	98.8	90.2	59.4	9.9	0.1	0.0	0.0	0.0	0.0	0.0	0.0	22

续上表

筛孔尺寸（mm）	31.5	26.5	19	16	9.5	13.2	4.75	2.36	1.18	0.6	0.3	0.15	0.075	比例（%）
4.75~9.5	100.0	100.0	100.0	100.0	100.0	99.0	8.5	0.8	0.1	0.0	0.0	0.0	0.0	10
0~4.75	100.0	100.0	99.3	98.8	98.4	96.7	94.9	61.8	39.1	26.4	18.0	11.7	4.5	38
合成级配	100.0	92.8	75.2	68.3	60.6	48.8	36.9	23.6	14.9	10.0	6.8	4.4	1.7	—
级配中值	100.0	95.0	78.0	66.0	59.0	49.0	35.0	22.0	15.0	11.0	8.0	6.0	2.5	—
级配上限	100.0	100.0	85.0	72.0	64.0	54.0	40.0	27.0	18.0	14.0	11.0	9.0	5.0	—
级配下限	100	90.0	71.0	60	54	44	30	17	12	8	5	3	0	—

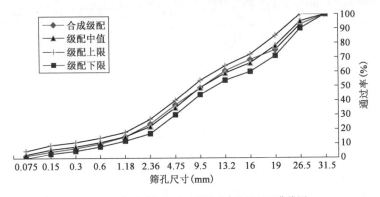

图 2-3 二秦公路级配碎石基层配合比及级配曲线图

2.5 不同成型方法对级配碎石性能影响试验研究

2.5.1 振动击实成型方法

目前级配碎石常用的室内成型方法有重型击实法和振动成型法。振动成型法能够模拟现场压路机振动碾压成型的过程，根据振动压实理论，不同的材料，自振频率也不尽相同，但当激振频率和自振频率相同时，即达到共振频率时，可得到最佳的压实效果。振动压路机的设计频率一般比被压材料的自振频率的范围大一些，目前市场上常用的振动压路机的振动频率为30Hz、35Hz、40Hz等，因此该试验用的振动击实仪采用30Hz振动频率。振幅对压实深度有直接影响，相同的振动质量和频率，增大振幅可以提高压实效果的影响深度。振动压路机常用的振幅有1.7mm、0.8mm、0.4mm等，为更好模拟常用压路机，本次振动击实仪的振幅采用1.4mm。

1) 振动击实仪

振动击实仪:静压力 190kPa,振动频率 30Hz,振幅 1.4mm,配有直径 ϕ148mm 的压头。振动击实仪结构示意图如图 2-4、图 2-5 所示。

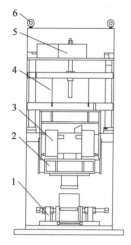

图 2-4　级配碎石振动击实仪结构示意图

1-试件安装夹紧装置;2-振动压实机构;3-电动机;4-升降连接机构;5-升降机构;6-吊环

图 2-5　振动击实仪

2) 振动击实试验方法

(1) 试验准备

①对集料进行筛分,按预定级配配好集料。如果集料的最大公称粒径不大于37.5mm,则直接备料;如果大于37.5mm的粒径含量超过10%,则过37.5mm筛备用,筛分后记录超尺寸颗粒百分比。

②对所使用集料提前检测其风干含水率,其中粗集料取样不少于1000g;细集料取样不少于500g。

③试验前准备齐全所需仪器设备,调试振动击实仪,检查其运行情况。

(2) 试验步骤

①按照调配好的各档料比例配制4~5份混合试料,每个试件配得风干集料质量不少于7000g。

②预定4~5个不同的含水率,一次相差0.5%~1.0%。一般情况下,在最佳含水率附近取0.5%,其余取1.0%。

③将配制完成的一份混合料置于金属盆内,将所预定的含水率均匀地洒在试料上,同时将试料拌和均匀,然后装入封闭容器或塑料袋闷料2～4h。

④将钢模与钢套套环用螺栓连接,放入垫块,然后将其放在平整坚实的地面上。将闷料完成的混合料均匀装入钢模内,一般分3次装入,同时用铁棒插捣均匀,整平表面。注意插捣时不应过力,以免粗细集料离析。将装好混合料的钢模移到振动击实仪底板上,用夹紧装置固定妥当。钢模、钢模套环及钢模底板示意图如图2-6所示。

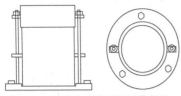

图2-6 钢模、钢模套环及钢模底板示意图

⑤将振动击实仪压头对准整平的试料平面,同时使压头下降抵紧试料平面。启动仪器开始振动击实。

⑥经试验试打确定,级配碎石材料振动压实试验时间为120s。

⑦振动击实结束后升起压头,松开振动击实仪夹紧装置,将击实好的成品从振动击实仪底板平移到工作面,松开钢套环与钢模螺栓,检查钢模内压实后的材料高度是否合适。高度应不高于试模边缘10mm,同时也应不低于钢模边缘,否则作废。

⑧用刮刀修平试料顶面,对凸出的集料仔细刮平,对凹陷的空洞用细料修补。擦拭试模表面,称量总体(钢模+垫块+试料)重量为G_1,准确度为1g。

⑨用脱模器脱出钢模内试料,擦净垫块和钢模,称其总重量为G_2。取试样内部的混合料不少于2000g,测定其含水率,精确至0.1%。

(3)计算

按式(2-1)计算振动击实后试样的湿密度:

$$\rho_w = \frac{G_1 - G_2}{V} \tag{2-1}$$

式中:ρ_w——试样的湿密度(g/cm³);

G_1——钢模、垫块与湿试样的总质量(g);

G_2——钢模和垫块总质量(g);

V——试样的体积(cm³),根据振动击实试件的实际高度计算。

按式(2-2)计算振动击实后试样的干密度(用三位小数表示):

$$\rho_d = \frac{\rho_w}{1 + 0.01w} \tag{2-2}$$

式中:ρ_d——试样的干密度(g/cm³);

w——试样的含水率(%)。

2.5.2 不同击实方法对击实效果影响

本次试验采用重型击实与振动击实两种成型方式制作试样。振动击实设备的振频为30Hz、振幅为1.4mm、静面压力为1900N、压头直径为148mm、击实时间为120s,重型击实试验设备的落锤质量为4.5kg、锤击面直径为50mm、落锤高度为450mm、锤击层数为3层、锤击次数为98次。

在振动击实和重型击实基础上,对级配碎石试样采用五个不同含水率进行击实试验,试样密度与试样含水率的关系如表2-10及图2-7所示,依据干密度与含水率之间的变化规律,确定了振动击实时级配碎石的最佳含水率为5.3%,最大干密度为2.396g/cm³;重型击实时级配碎石的最佳含水率为6.0%,最大干密度为2.330g/cm³。

不同含水率下的最大干密度　　　　　表2-10

振动击实	含水率(%)	4.0	4.5	5.0	5.5	6.0
	最大干密度(g/cm³)	2.248	2.287	2.389	2.391	2.337
重型击实	含水率(%)	5.0	5.5	6.0	6.5	7.0
	最大干密度(g/cm³)	2.241	2.262	2.330	2.282	2.245

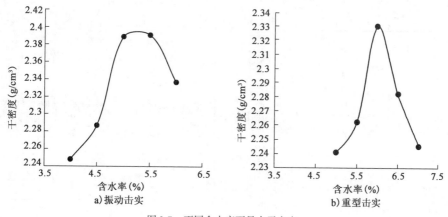

图2-7　不同含水率下最大干密度

根据表2-10中数据,相同含水率情况下振动击实得到干密度比重型击实的大6%~7%。这说明振动击实的效果好于重型击实,用室内振动击实得到的最大干密度控制碾压质量,压实效果更好。

2.6 不同击实方法对级配碎石抗剪强度影响试验研究

级配碎石强度主要来源于粗料颗粒间的嵌锁作用,能够承受一定荷载的重复作用。级配碎石结构层在使用过程中主要承受竖向荷载和横向荷载作用,当荷载超过集料间相互嵌挤作用形成的抗变形能力时,级配碎石结构将发生剪切破坏。目前,针对级配碎石粒状材料的剪切性能的研究方法主要包括三轴压缩试验、直剪试验、单轴贯入试验及扭转剪切试验等。

2.6.1 级配碎石静三轴试验

1)试验仪器

本次试验采用了中国水利水电科学研究院岩土工程研究所自主研发的SJ-70大型高压三轴压缩试验仪和振动击实仪。SJ-70大型高压三轴压缩仪主要由伺服系统、三轴压力室、加载系统、测量系统及计算机等装置组成,如图2-8所示。

图2-8 级配碎石三轴压缩试验仪器

SJ-70大型高压三轴压力室是由一个金属活塞、钢圆筒及底座组成的密闭空间;轴向加载系统主要用于给试件施加附加竖向压力,并通过应变速率对其加载速度进行控制;周围压力加载系统主要是通过液体(水、油)对圆形试样进行加压,为了避免试样与加压液体相接触,采用橡胶套将其包裹起来,并通过底部的透水面将试样中的孔隙水与孔隙水压力监控系统相连。试验过程中,通过计算机操控伺服系统,对试样周围压力的微小改变进行补偿,以维持长期稳定的周围压。SJ-70 大型高压三轴压缩仪主要规格和参数如下：最大轴向压力为 250t，周围压力最大能够达到 7.0MPa，振动器底板静压力为 14kPa，振动频率为 20～40Hz，试样尺寸 $\phi 300mm \times 700mm$。

2）成型试件

级配碎石分别按表 2-11 提供参数进行击实成型。采用振动击实和重型击实两种方法成型。成型过程参照《公路土工试验规程》（JTG E40—2007）中规定方法进行。试验过程中对级配碎石混合料进行两组不固结不排水剪切试验（UU），每组试验成型 4 个试样。具体试验步骤：

(1) 试样制作

根据试件尺寸 $\phi 300mm \times 700mm$，依据级配碎石的最佳含水率和最大干密度，计算每个试样成型所需干料用量和水的用量。然后，将每个试样所需的干料平均分成 5 等份，按相应的水量加水拌和均匀后，分层装入内壁包裹橡胶薄膜的试模内。每层材料装入试模后，按成型方法进行落锤击实或振动击实。每层的击实厚度应控制在 14cm 左右，同时层与层交接的界面处应该凿毛。

(2) 加载过程

首先打开围压加载系统控制阀对试样施加周围压力，使试样受到的围压 σ_3 达到设计值（0.2MPa、0.4MPa、0.5MPa、0.6MPa），并保持稳定不变。随后施加轴向压力。加载系统通过活塞以 2mm/min 的应变速率对试样施加偏向应力 $\Delta \sigma$（$\Delta \sigma = \sigma_1 - \sigma_3$）。在整个剪切试验过程中，围压 σ_3 始终保持不变，$\Delta \sigma$ 及试样的轴向应力 σ_1 逐渐增加，直到试样发生剪切破坏。在试验过程中，对试样的轴向应变 ε_1 和偏向应力 $\Delta \sigma$ 进行实时监测，并据此绘制 $\Delta \sigma$ 与 ε_1 的关系曲线，并以偏应力 $\Delta \sigma$ 的峰值为该试样破坏点；若 $\Delta \sigma$ 与 ε_1 的关系曲线中没有出现峰值，取曲线中某个轴向应变 ε_1（$\varepsilon_1 = 15\%$）所对应的偏应力值作为该试样的破坏点。最后根据应力和应变绘制出试样的应力莫尔圆。

试验材料的基本参数　　　表 2-11

试验编号	成型方式	最佳含水率(%)	最大干密度(g/cm³)
1	重型击实	2.330	6.0
2	振动击实	2.396	5.3

2.6.2　静三轴试验结果及分析

根据两种成型方法确定的试样静三轴试验结果，绘制相应的应力与应变关系曲线；根据摩尔—库仑准则绘制强度包线，得到级配碎石混合料的抗剪强度参数,具体情况如图 2-9、图 2-10 及表 2-12、表 2-13 所示。

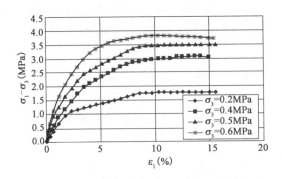

图 2-9　振动击实试样应力—应变曲线

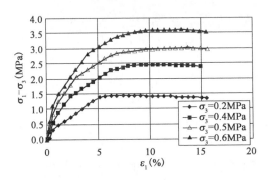

图 2-10　重型击实试样应力—应变曲线

级配碎石三轴试验应力—应变关系表　　　　表 2-12

应变 ε (%)	振动击实试样 $\sigma_1-\sigma_3$ (MPa)				重型击实试样 $\sigma_1-\sigma_3$ (MPa)			
	0.2MPa	0.4MPa	0.5MPa	0.6MPa	0.2MPa	0.4MPa	0.5MPa	0.6MPa
0	0	0	0	0	0	0	0	0
0.286	0.208	0.226	0.417	0.687	0.057	0.246	0.389	0.614
0.571	0.404	0.577	0.979	1.107	0.338	0.583	0.838	1.091
1.143	0.681	0.923	1.253	1.66	0.476	0.859	1.253	1.504
1.714	0.956	1.196	1.663	2.068	0.612	1.132	1.524	1.774
2.286	1.088	1.465	1.93	2.471	0.747	1.402	1.791	2.04
2.857	1.151	1.732	2.193	2.731	0.88	1.532	2.056	2.303
3.429	1.212	1.995	2.454	2.988	1.011	1.659	2.18	2.562
4	1.273	2.119	2.575	3.242	1.141	1.785	2.303	2.819

续上表

应变 ε (%)	振动击实试样 $\sigma_1-\sigma_3$ (MPa)				重型击实试样 $\sigma_1-\sigma_3$ (MPa)			
	0.2MPa	0.4MPa	0.5MPa	0.6MPa	0.2MPa	0.4MPa	0.5MPa	0.6MPa
4.571	1.333	2.241	2.695	3.358	1.269	1.909	2.425	2.937
5.143	1.392	2.362	2.813	3.472	1.396	2.032	2.544	3.054
5.714	1.45	2.481	2.929	3.584	1.414	2.153	2.662	3.169
6.286	1.508	2.599	3.044	3.629	1.432	2.273	2.779	3.282
6.857	1.564	2.714	3.157	3.673	1.45	2.325	2.828	3.394
7.429	1.62	2.829	3.269	3.716	1.454	2.376	2.876	3.439
8	1.675	2.889	3.379	3.758	1.448	2.414	2.897	3.482
8.571	1.73	2.923	3.422	3.799	1.441	2.45	2.918	3.525
9.143	1.744	2.943	3.465	3.814	1.435	2.461	2.938	3.568
9.714	1.759	2.963	3.469	3.815	1.428	2.458	2.958	3.584
10.286	1.761	2.994	3.472	3.817	1.422	2.455	2.977	3.599
10.857	1.762	3.004	3.476	3.818	1.415	2.452	2.984	3.601
11.429	1.763	3.001	3.478	3.818	1.409	2.449	2.99	3.603
12	1.764	3.046	3.481	3.806	1.402	2.446	2.995	3.605
12.571	1.765	3.05	3.483	3.794	1.396	2.442	3.001	3.606
13.143	1.766	3.063	3.485	3.781	1.389	2.438	3.005	3.607
13.714	1.767	3.083	3.486	3.769	1.382	2.426	3.01	3.596
14.286	1.767	3.073	3.487	3.756	1.375	2.412	3.002	3.584
15	1.764	3.042	3.482	3.727	1.366	2.386	2.989	3.563
15.571	1.764	3.038	3.483	3.699	1.360	2.380	2.957	3.530

级配碎石抗剪强度指标　　　表2-13

成型方式	控制干密度 (g/cm³)	控制含水率 (%)	抗剪强度指标	
			c (kPa)	φ (°)
重型击实	2.330	6.0	70	46.7
振动击实	2.396	5.3	115	46.6

由图2-9及图2-10可知,振动击实和重型击实的级配碎石试样在整个三轴压缩试验过程中,应力与应变关系曲线的变化比较平稳,均没有出现明显的峰值。应力随应变的增加而增加,但其增长速度慢慢减缓,最终趋于稳定。同

时,随着围压的增加,相同的试样在相同变形的情况下,所受的最大主应力也越大。

从表2-13中可以得出,采用振动击实可以有效地提升级配碎石黏聚力c,试验结果显示振动击实可以提升级配碎石粒料之间的内黏聚力c达64%。这也解释了为什么通过振动击实后得到的试件能够进行无侧限抗压强度试验,而重型击实得到的试样不容易进行无侧限抗压强度试验。究其原因可能是采用振动击实的试样压实度及密度较大,集料颗粒之间的排列更为规则紧密,因而黏聚力较大。

2.7 不同击实方法对级配碎石加州承载比（CBR）值影响试验研究

级配碎石设计指标主要采用CBR值,其大小能反映材料抵抗局部荷载压入变形能力的强弱。按照《公路土工试验规程》(JTG E40—2007)中T 0134—1993进行级配碎石CBR试验。

在最佳含水率和最大干密度下,对振动击实和重型击实级配碎石试样分别进行泡水4昼夜和不浸水试样的CBR试验现场,其试验现场及试验结果如图2-11、表2-14所示。

图2-11 CBR试验现场

级配碎石 CBR 试验结果　　　　　　　表 2-14

成型方式	条件	试验编号			平均值	技术要求
		1	2	3		
振动击实	不泡水 CBR(%)	323.4	315.2	328.0	322.2	≥200
	泡水 4 昼夜 CBR(%)	253.3	239.8	247.5	246.9	≥160
重型击实	不泡水 CBR(%)	216.38	218.64	230.6	221.87	≥200
	泡水 4 昼夜 CBR(%)	175.31	164.86	176.25	172.14	≥160

根据表 2-14 中试验结果可知，CBR 值满足技术指标要求，而且振动击实级配碎石试样的 CBR 值更高，相比于重型击实，CBR 值提升了 45% 左右。

2.8　掺纤维级配碎石抗剪强度试验研究

在最佳含水率和最大干密度下，对纤维级配碎石和级配碎石试样分别进行大型静三轴压缩试验，其试验结果如图 2-12、图 2-13、表 2-15 及表 2-16 所示。

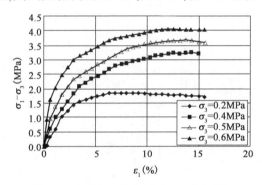

图 2-12　纤维级配碎石试样应力—应变曲线

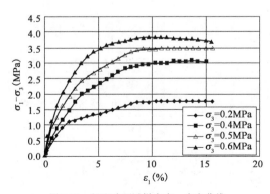

图 2-13　级配碎石试样应力—应变曲线

级配碎石与纤维级配碎石三轴试验应力—应变关系表　　表 2-15

应变 ε (%)	纤维级配碎石试样 $\sigma_1 - \sigma_3$ (MPa)				级配碎石试样 $\sigma_1 - \sigma_3$ (MPa)			
	0.2MPa	0.4MPa	0.5MPa	0.6MPa	0.2MPa	0.4MPa	0.5MPa	0.6MPa
0	0	0	0	0	0	0	0	0
0.286	0.057	0.302	0.417	0.953	0.208	0.226	0.417	0.687
0.571	0.338	0.653	0.979	1.654	0.404	0.577	0.979	1.107
1.143	0.616	0.999	1.393	2.064	0.681	0.923	1.253	1.66
1.714	1.029	1.271	1.802	2.469	0.956	1.196	1.663	2.068
2.286	1.231	1.541	2.068	2.731	1.088	1.465	1.93	2.471
2.857	1.43	1.806	2.331	2.99	1.151	1.732	2.193	2.731
3.429	1.558	2.069	2.454	3.109	1.212	1.995	2.454	2.988
4	1.617	2.193	2.575	3.226	1.273	2.119	2.575	3.242
4.571	1.674	2.315	2.695	3.342	1.333	2.241	2.695	3.358
5.143	1.732	2.435	2.813	3.456	1.392	2.362	2.813	3.472
5.714	1.788	2.554	2.929	3.569	1.45	2.481	2.929	3.584
6.286	1.843	2.671	3.044	3.68	1.508	2.599	3.044	3.629
6.857	1.845	2.786	3.157	3.723	1.564	2.714	3.157	3.673
7.429	1.847	2.835	3.269	3.766	1.62	2.829	3.269	3.716
8	1.849	2.882	3.379	3.808	1.675	2.889	3.379	3.758
8.571	1.84	2.929	3.422	3.849	1.73	2.923	3.422	3.799
9.143	1.831	2.975	3.465	3.889	1.744	2.943	3.465	3.814
9.714	1.822	3.02	3.507	3.928	1.759	2.963	3.469	3.815
10.286	1.813	3.064	3.549	3.967	1.761	2.994	3.472	3.817
10.857	1.804	3.108	3.576	4.005	1.762	3.004	3.476	3.818
11.429	1.795	3.151	3.604	4.029	1.763	3.001	3.478	3.818
12	1.786	3.18	3.63	4.028	1.764	3.046	3.481	3.806
12.571	1.777	3.209	3.656	4.027	1.765	3.05	3.483	3.794
13.143	1.767	3.213	3.657	4.025	1.766	3.063	3.485	3.781
13.714	1.758	3.228	3.658	4.023	1.767	3.083	3.486	3.769
14.286	1.748	3.238	3.636	4.021	1.767	3.073	3.487	3.756
15	1.734	3.204	3.606	4.011	1.764	3.042	3.482	3.727

纤维级配碎石与级配碎石抗剪强度指标 表2-16

抗剪强度指标	纤维级配碎石	级配碎石
c(kPa)	157	115
φ(°)	46.6	47.5

由以上试验结果可以看出:纤维级配碎石的应力—应变关系曲线的变化趋势与级配碎石应力—应变关系曲线的变化趋势相同,在整个试验过程中曲线的变化比较平稳,没有出现应力峰值,属于应变硬化型;添加纤维后级配碎石的抗剪强度有所提升,但是添加纤维对级配碎石内摩擦角的影响比较小,而对级配碎石内部黏聚力的影响比较大,添加聚丙烯纤维后级配碎石的黏聚力提高了36%。

2.9 掺纤维级配碎石CBR试验研究

在最佳含水率和最大干密度下,采用振动压实的方法成型掺量为1‰的级配碎石试样。对试样进行浸水4昼夜处理,分别对浸水和不浸水试样进行CBR试验,试验结果见表2-17。

级配碎石与纤维级配碎石CBR试验 表2-17

材料类型	试验编号	1	2	3	平均值
纤维级配碎石	不浸水CBR(%)	398.4	386.5	410.5	398.5
	浸水4昼夜CBR(%)	303.1	301.1	298.2	300.80
级配碎石	不浸水CBR(%)	323.4	315.2	328.0	322.2
	浸水4昼夜CBR(%)	253.3	239.8	247.5	246.9

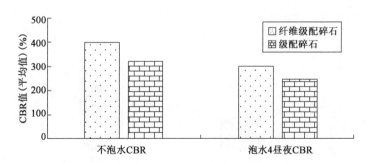

图2-14 级配碎石与纤维级配碎石CBR值

由表2-17及图2-14可知:浸水或不浸水的掺1‰纤维级配碎石试样的CBR值均比未掺加纤维的有很大提高。其中浸水的掺纤维级配碎石试样比未掺纤维的提高 22.3%；没有浸水条件下，掺纤维级配碎石试样比未掺纤维的提高 23.7%。说明纤维在抵抗外载作用下级配碎石的变形起到明显的作用。

2.10 掺纤维级配碎石无侧限抗压强度试验

在最佳含水率和最大干密度下，对纤维级配碎石和级配碎石试样分别进行无侧限抗压强度试验(图 2-15)，其试验结果如表 2-18 及图 2-16 所示。

图 2-15　无侧限抗压强度试验

级配碎石与纤维级配碎石无侧限抗压强度　　　　表 2-18

试验编号		1	2	3	4	5	6	7	8	9	10	11	12	13	代表值
无侧限抗压强度（MPa）	纤维级配碎石	1.3	1.2	1.3	1.5	1.3	1.5	1.7	1.2	1.4	1.3	1.7	1.3	1.6	1.15
	级配碎石	1.1	1.3	1.4	1.5	1.4	1.2	1.2	1.5	1.2	1.1	1.2	1.4	1.2	1.02

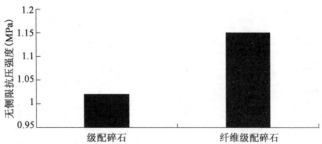

图 2-16　级配碎石与纤维级配碎石无侧限抗压强度

由表 2-18 及图 2-16 可知，级配碎石中添加聚丙烯纤维后，级配碎石的无侧限抗压强度有所提升，相比于未添加纤维的级配碎石抗压强度提升了 12.7%。

第3章 高性能级配碎石基层沥青路面结构分析

本章采用公路路面设计程序系统 HPDS2017 对级配碎石基层沥青路面结构进行力学分析,确定以无机结合料稳定层层底拉应力、沥青混合料层层底水平拉应变以及路表验收弯沉为指标,对各个影响因素考虑不同的变化水平,构成 $L_{50}(5^7)$ 正交试验进行敏感性分析,同时对各因素对研究指标的影响程度不同进行极差分析,并绘制各因素水平与各指标的变化趋势图,进而分析级配碎石基层沥青路面结构受力特点,推荐高性能级配碎石基层的沥青路面结构。

3.1 HPDS2017 软件介绍及计算理论

3.1.1 HPDS2017 软件介绍

1. 系统包括的程序

公路路面设计程序系统(HPDS2017)是根据新版《公路沥青路面设计规范》(JTG D50—2017)和《公路水泥混凝土路面设计规范》(JTG D40—2011)的有关内容编制的,共包括如下九个程序:

(1)改建路段留用路面结构顶面当量回弹模量计算程序。
(2)沥青路面设计与验算程序。
(3)路基验收时路段内实测路基顶面弯沉代表值计算程序。
(4)路面交工验收时路段内实测路表弯沉代表值计算程序。
(5)改建路段原路面当量回弹模量计算程序。
(6)新建单层水泥混凝土路面设计程序。
(7)新建复合式水泥混凝土路面设计程序。
(8)旧混凝土路面上加铺层设计程序。
(9)基(垫)层或加铺层及新建路基交工验收弯沉值计算程序。

2. 系统的特点

(1) 采用 Visual Basic 6.0 for Windows 语言编程,在 Windows 系统下运行,有良好的用户界面。

(2) 功能齐全,凡公路路面设计与计算所需的程序均有涉及。

(3) 计算速度快,精度高。

(4) 数据输入采用可视化、全屏幕的窗口输入方式,操作简单方便,一目了然。所有程序既可人机对话输入,又可用数据文件输入,计算结束立即在输出窗口显示设计计算成果文件内容,并可根据用户要求打印输出,方便快捷。

(5) 具有随机帮助以及自动识别错误并提出警告和提示的功能。

3.1.2 计算理论

路面结构力学指标计算采用双圆均布垂直荷载作用下的弹性层状连续体系理论。沥青路面结构力学响应计算按照弹性层状体系理论进行。弹性层状体系理论的基本假设包括:①各层材料是线弹性材料,且不计自重;②各层材料连续、均匀且各向同性;③最下一层在水平方向和竖直方向无限大,即为半空间无限体,其上各层厚度有限,水平方向无限大;④各层在水平方向无限远处及最下一层无限深处,力学响应为零。

设 δ 为标准轴载的当量圆半径,$\delta = 10.65 \text{cm}$,h_i 为沥青路面各结构层的厚度,E_i 为沥青路面各结构层的模量,μ_i 为沥青路面各结构层材料的泊松比,$i = 1, 2, 3$。路面结构计算时,各设计指标应按图 3-1 所示的计算点位置,选取 A、B、C 和 D 点的最大力学响应量。

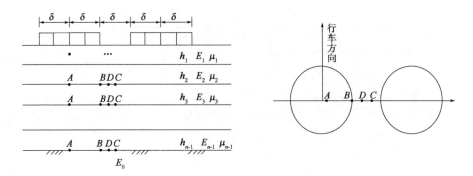

图 3-1 力学响应计算点位置图示

3.2 级配碎石基层沥青路面结构参数的敏感性分析

不同的路面结构组合将产生不同的计算结果,对各因素取不同的变化水平设计正交试验,进行各因素不同水平之间的组合。选取沥青面层厚度、级配碎石基层厚度、半刚性基层厚度、沥青面层模量、级配碎石基层模量、半刚性基层模量以及土基模量共7个因素,分别对各因素取5个水平,共计50次试验,表示为$L_{50}(5^7)$。

3.2.1 路面结构及设计参数

路面结构及设计参数见表3-1。

路面结构及设计参数 表3-1

结构层	材料类型	厚度(cm)	材料模量(MPa)	泊松比	无机结合料稳定类材料弯拉强度(MPa)	沥青混合料车辙试验永久变形量(mm)
上面层	AC-13	8~24	8000~12000	0.25	—	4.5
中面层	AC-20					
下面层	ATB-25					
基层	级配碎石	10~30	300~700	0.35		
半刚性基层	水泥稳定碎石	12~60	8500~12500	0.25	1.8	—
底基层	水泥稳定碎石	18	8500	0.25	1.2	—
土基	—	—	35~75	0.4	—	—

3.2.2 正交试验设计

为综合分析各不同因素的参数对路面设计指标的影响程度,采用正交设计法安排参数组合,对各因素取5个水平,如表3-2所示。

正交水平表 表3-2

水平	因素						
	沥青面层厚度(cm)	级配碎石基层厚度(cm)	半刚性基层厚度(cm)	沥青面层模量(MPa)	级配碎石基层模量(MPa)	半刚性基层模量(MPa)	土基模量(MPa)
1	8	10	12	8000	300	8500	35
2	12	15	24	9000	400	9500	45
3	16	20	36	10000	500	10500	55
4	20	25	48	11000	600	11500	65
5	24	30	60	12000	700	12500	75

正交试验方案采用 $L_{50}(5^7)$ 标准正交表布置,正交试验设计表见表3-3,力学计算结果见表3-4。

正交试验设计表 　　　　　　表3-3

试验编号	沥青面层厚度（cm）	级配碎石基层厚度（cm）	半刚性基层厚度（cm）	沥青面层模量（MPa）	级配碎石基层模量（MPa）	半刚性基层模量（MPa）	土基模量（MPa）
1	8	10	12	8000	300	8500	35
2	8	15	24	9000	400	9500	45
3	8	20	36	10000	500	10500	55
4	8	25	48	11000	600	11500	65
5	8	30	60	12000	700	12500	75
6	12	10	24	10000	600	12500	35
7	12	15	36	11000	700	8500	45
8	12	20	48	12000	300	9500	55
9	12	25	60	8000	400	10500	65
10	12	30	12	9000	500	11500	75
11	16	10	36	12000	400	11500	65
12	16	15	48	8000	500	12500	75
13	16	20	60	9000	600	8500	35
14	16	25	12	10000	700	9500	45
15	16	30	24	11000	300	10500	55
16	20	10	48	9000	700	10500	75
17	20	15	60	10000	300	11500	35
18	20	20	12	11000	400	12500	45
19	20	25	24	12000	500	8500	55
20	20	30	36	8000	600	9500	65
21	24	10	60	11000	500	9500	65
22	24	15	12	12000	600	10500	75
23	24	20	24	8000	700	11500	35
24	24	25	36	9000	300	12500	45
25	24	30	48	10000	400	8500	55

续上表

试验编号	沥青面层厚度（cm）	级配碎石基层厚度（cm）	半刚性基层厚度（cm）	沥青面层模量（MPa）	级配碎石基层模量（MPa）	半刚性基层模量（MPa）	土基模量（MPa）
26	8	10	12	11000	700	11500	55
27	8	15	24	12000	300	12500	65
28	8	20	36	8000	400	8500	75
29	8	25	48	9000	500	9500	35
30	8	30	60	10000	600	10500	45
31	12	10	24	8000	500	10500	45
32	12	15	36	9000	600	11500	55
33	12	20	48	10000	700	12500	65
34	12	25	60	11000	300	8500	75
35	12	30	12	12000	400	9500	35
36	16	10	36	10000	300	9500	75
37	16	15	48	11000	400	10500	35
38	16	20	60	12000	500	11500	45
39	16	25	12	8000	600	12500	55
40	16	30	24	9000	700	8500	65
41	20	10	48	12000	600	8500	45
42	20	15	60	8000	700	9500	55
43	20	20	12	9000	300	10500	65
44	20	25	24	10000	400	11500	75
45	20	30	36	11000	500	12500	35
46	24	10	60	9000	400	12500	55
47	24	15	12	10000	500	8500	65
48	24	20	24	11000	600	9500	75
49	24	25	36	12000	700	10500	35
50	24	30	48	8000	300	11500	45

力学计算结果　　　　　　　表3-4

试验编号	沥青面层层底拉应变（με）	无机结合料层层底拉应力 σ（MPa）	路表验收弯沉值（0.01mm）
1	134.5	0.417	52.5
2	125.7	0.228	37.9
3	115.2	0.139	29.2
4	105.0	0.090	23.8
5	95.7	0.062	20.1
6	61.6	0.212	34.4
7	61.8	0.140	25.4
8	86.3	0.100	24.5
9	105.6	0.070	22.3
10	92.2	0.207	28.4
11	47.5	0.126	19.8
12	63.0	0.087	17.8
13	58.3	0.077	22.8
14	54.3	0.204	29.8
15	71.6	0.142	27.4
16	35.8	0.086	15.3
17	48.9	0.072	22.2
18	47.7	0.200	30.0
19	42.4	0.131	22.0
20	52.1	0.094	19.3
21	28.2	0.066	14.1
22	30.3	0.166	20.1
23	36.2	0.135	27.4
24	46.2	0.096	23.2
25	40.6	0.072	18.1
26	75.3	0.346	35.1
27	121.4	0.207	32.4
28	145.0	0.141	29.1
29	126.8	0.107	33.7

续上表

试验编号	沥青面层层底拉应变（με）	无机结合料层层底拉应力 σ(MPa)	路表验收弯沉值（0.01mm）
30	113.0	0.072	26.6
31	76.2	0.217	32.0
32	74.0	0.132	24.2
33	69.9	0.086	19.4
34	96.2	0.073	21.5
35	84.8	0.235	39.9
36	59.2	0.132	20.2
37	55.6	0.100	25.2
38	52.1	0.068	19.4
39	65.6	0.207	28.9
40	58.8	0.132	22.0
41	31.9	0.095	19.1
42	42.7	0.070	17.1
43	59.7	0.200	27.5
44	51.3	0.127	20.6
45	45.2	0.096	24.7
46	34.2	0.065	16.1
47	36.0	0.180	23.0
48	32.2	0.118	17.6
49	29.2	0.091	22.1
50	51.4	0.073	21.8

3.2.3 路面结构参数的极差分析

极差分析法又称直观分析法,具有计算简便、直观、易懂等优点。借助Matlab数据分析软件对沥青混合料层层底拉应变、无机结合料稳定层层底拉应力和路表验收弯沉值进行极差分析,并以因素水平为横坐标,以设计指标为纵坐标绘制因素水平与指标趋势图,分析沥青面层厚度、级配碎石基层厚度、半刚性基层厚度、沥青面层模量、级配碎石基层模量、半刚性基层模量以及土基模量7个因素对以上试验指标的影响程度。

(1)沥青混合料层层底拉应变极差分析如表 3-5 所示;因素水平与指标趋势图如图 3-2 所示。

沥青混合料层层底拉应变极差分析   表 3-5

不同水平	沥青面层厚度 A	级配碎石基层厚度 B	半刚性基层厚度 C	沥青面层模量 D	级配碎石基层模量 E	半刚性基层模量 F	土基模量 G
K1	1157.6	584.4	680.4	772.3	775.4	705.5	681.1
K2	808.6	659.4	677.4	711.7	738.0	692.3	660.3
K3	586.0	702.6	675.4	650.0	677.3	692.2	647.9
K4	457.7	722.6	666.3	618.8	624.0	633.9	684.2
K5	364.5	705.4	674.9	621.6	559.7	650.5	700.9
极差 R	793.1	138.2	14.1	153.5	215.7	71.6	53.0
主次顺序	A; E; D; B; F; G; C						

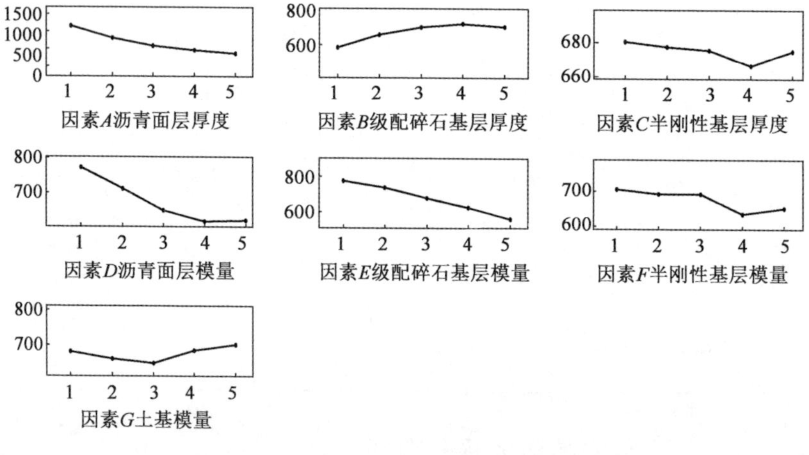

图 3-2 各因素水平与沥青面层层底拉应变趋势图
注:本图中纵坐标为"沥青面层层底拉应变"。

通过极差分析和趋势图可以看出,对于沥青混合料层层底拉应变的影响,沥青面层厚度 > 级配碎石基层模量 > 沥青面层模量 > 级配碎石基层厚度 > 半刚性基层模量 > 土基模量 > 半刚性基层厚度。

(2)无机结合料稳定层层底拉应力极差分析如表 3-6 所示;因素水平与指标趋势图如图 3-3 所示。

无机结合料稳定层层底拉应力极差分析   表3-6

不同水平	沥青面层厚度A	级配碎石基层厚度B	半刚性基层厚度C	沥青面层模量D	级配碎石基层模量E	半刚性基层模量F	土基模量G
K1	1.809	1.762	2.362	1.511	1.512	1.458	1.542
K2	1.472	1.382	1.649	1.33	1.364	1.354	1.393
K3	1.275	1.264	1.187	1.296	1.298	1.283	1.404
K4	1.171	1.196	0.896	1.371	1.263	1.376	1.251
K5	1.062	1.185	0.695	1.281	1.352	1.318	1.199
极差R	0.747	0.577	1.667	0.23	0.249	0.175	0.343
主次顺序			C；A；B；G；E；D；F				

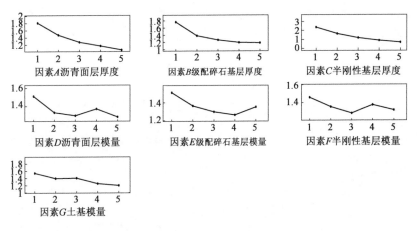

图3-3 各因素水平与无机结合料层层底拉应力趋势图
注：纵坐标为"无机结合料层层底拉应力"。

通过以上极差分析和趋势图可以看出,对于无机结合料稳定层层底拉应力的影响,半刚性基层厚度>沥青面层厚度>级配碎石基层厚度>土基模量>级配碎石基层模量>沥青面层模量>半刚性基层模量。

(3)路表验收弯沉值极差分析如表3-7所示;各因素水平与路表验收弯沉值趋势图如图3-4所示。

路表验收弯沉值极差分析   表3-7

不同水平	沥青面层厚度A	级配碎石基层厚度B	半刚性基层厚度C	沥青面层模量D	级配碎石基层模量E	半刚性基层模量F	土基模量G
K1	320.4	258.6	315.2	268.2	273.2	255.5	304.9
K2	272.0	245.3	273.7	251.1	259.0	254.1	265.2

续上表

不同水平	沥青面层厚度 A	级配碎石基层厚度 B	半刚性基层厚度 C	沥青面层模量 D	级配碎石基层模量 E	半刚性基层模量 F	土基模量 G
K3	233.3	246.9	237.2	243.5	244.3	247.7	242.6
K4	217.8	247.9	218.7	244.8	236.8	242.7	223.6
K5	203.5	248.3	202.2	239.4	233.7	247.0	210.7
极差 R	116.9	13.3	113.0	28.8	39.5	12.8	94.2
主次顺序	A；C；G；E；D；B；F							

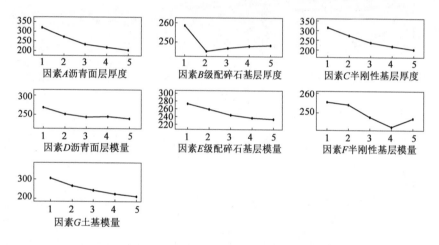

图 3-4 各因素水平与路表验收弯沉值趋势图
注：纵坐标为"路表验收弯沉值"。

通过以上极差分析和趋势图可以看出，对于路表验收弯沉的影响，沥青面层厚度＞半刚性基层厚度＞土基模量＞级配碎石基层模量＞沥青面层模量＞级配碎石基层厚度＞半刚性基层模量。

综上数据可知，分析各因素对沥青层层底拉应变、无机结合料稳定层层底拉应力和路表验收弯沉值三个指标的影响程度大小，极差越大，则对其影响越大。因此分析得知，对沥青混合料层的层底拉应变指标的影响最显著的为沥青面层厚度，其次为级配碎石基层模量；对无机结合料稳定层层底拉应力指标的影响最显著的为半刚性基层厚度，其次为沥青面层厚度；对路表验收弯沉值的影响最显著的为沥青面层厚度，其次为半刚性基层厚度。

3.3 级配碎石基层沥青路面结构受力分析

3.3.1 级配碎石基层厚度和模量对沥青路面结构的影响分析

通过上述的正交分析结果得到不同因素对沥青路面结构敏感性的影响规律。下面对级配碎石基层路面结构进行进一步的力学分析。级配碎石基层沥青路面结构设计计算参数如表3-8所示。

级配碎石基层沥青路面结构设计计算参数　　　　表3-8

结构层	材料类型	厚度（cm）	材料模量（MPa）	泊松比	无机结合料稳定类材料弯拉强度（MPa）	沥青混合料车辙试验永久变形量（mm）
上面层	AC-13	20	10000	0.25	—	4.5
中面层	AC-20					
下面层	ATB-25					
基层	级配碎石	15/20/25/30/35	300/400/500/600/700	0.35	—	—
半刚性基层	水泥稳定碎石	18	11500	0.25	1.8	—
底基层	水泥稳定碎石	18	8500	0.25	1.2	—
土基	—	—	55	0.4	—	—

1）沥青混合料层层底拉应变的变化

保持路面结构层其他各层模量和厚度不变，组合不同厚度和不同模量的级配碎石基层，从模型计算得到不同组合结构的沥青面层层底拉应变，计算结果如表3-9和图3-5、图3-6所示。

沥青面层层底拉应变随级配碎石基层厚度、模量的变化表　　　表3-9

级配碎石基层厚度 h（cm）	沥青混合料层层底拉应变（$\mu\varepsilon$）				
	级配碎石基层模量（MPa）				
	300	400	500	600	700
15	50.7	46.3	42.9	40.1	37.8
20	53.7	49.2	45.6	42.7	40.2
25	55.9	51.2	47.5	44.4	41.8
30	57.6	52.7	48.9	45.7	43.0
35	58.9	53.9	49.9	46.7	43.9

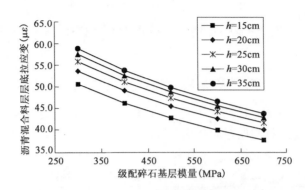

图 3-5 沥青面层层底拉应变随级配碎石基层模量的变化

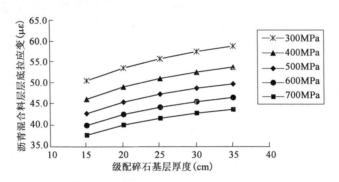

图 3-6 沥青面层层底拉应变随级配碎石基层厚度的变化

由表 3-9 和图 3-5、图 3-6 可知：

(1) 沥青混合料层层底拉应变随着不同厚度的级配碎石基层模量的增大，均呈现逐渐减小的趋势，级配碎石基层的模量从 300MPa 增大到 700MPa 时，不同厚度的级配碎石基层沥青混合料层层底拉应变平均减小了 25.3%，并且随着模量的增大，层底拉应变减小的幅度也逐渐降低。

(2) 沥青混合料层层底拉应变随着不同模量的级配碎石基层厚度的增大，均呈现逐渐增大的趋势，级配碎石基层的厚度从 15cm 增大到 35cm 时，不同模量的级配碎石基层沥青混合料层层底拉应变平均增大了 16.3%，并且随着厚度的增大，层底拉应变增大的幅度也逐渐降低。

比较级配碎石基层模量和厚度对该沥青路面结构的影响，级配碎石基层模量的提高显著降低了沥青混合料层层底拉应变，从而提高了沥青路面结构的抗疲劳性能。级配碎石基层厚度增加的同时沥青混合料层层底拉应变也逐渐增大，分析原因如下：级配碎石基层厚度偏薄时，半刚性基层刚度起主要作用，从而沥青面层层底拉应变偏小；级配碎石基层厚度偏厚时，半刚性基层刚度的影响作用被削弱，从而层底拉应变逐渐增大。因此从控制沥青混合料层层底拉应变的角度出发，减小级配碎石基层厚度，增大级配碎石模量，可显著增大沥青层的疲劳寿命。

2）无机结合料稳定层层底拉应力的变化

保持路面结构层其他各层的模量和厚度不变，组合不同厚度和不同模量的级配碎石基层，从模型计算得到不同组合结构的无机结合料层层底拉应力，计算结果如表3-10和图3-7、图3-8所示。

无机结合料稳定层层底拉应力随级配碎石基层厚度、模量的变化表　表3-10

级配碎石基层厚度 h (cm)	无机结合料稳定层层底拉应力（MPa）				
	级配碎石基层模量（MPa）				
	300	400	500	600	700
15	0.158	0.155	0.153	0.151	0.149
20	0.147	0.145	0.142	0.140	0.138
25	0.138	0.135	0.132	0.130	0.128
30	0.129	0.126	0.124	0.121	0.119
35	0.122	0.119	0.116	0.113	0.111

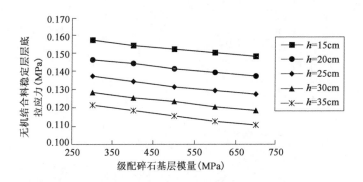

图3-7　无机结合料稳定层层底拉应力随级配碎石基层模量的变化

由表3-10和图3-7、图3-8可知，随着级配碎石基层厚度和模量的增加，无机结合料稳定层层底拉应力都呈现减小的趋势，级配碎石基层厚度较其模量对无机结合料稳定层层底拉应力影响更显著，厚度从15cm增加到35cm时，层底拉应力平均减少了24.2%，同时模量从300MPa增加到700MPa时，层底拉应力平均减少了7.7%。

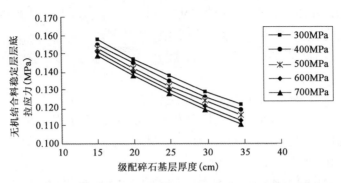

图 3-8　无机结合料稳定层层底拉应力随级配碎石基层厚度的变化

3) 路表验收弯沉值的变化

保持路面结构层其他各层模量和厚度不变,组合不同厚度和不同模量的级配碎石基层,从模型计算得到不同组合结构的路表验收弯沉值,计算结果如表 3-11 和图 3-9、图 3-10 所示。

路表验收弯沉值随级配碎石基层厚度、模量的变化表　　表 3-11

级配碎石基层厚度 h (cm)	路表验收弯沉值 L_A (0.01mm)				
	级配碎石基层模量(MPa)				
	300	400	500	600	700
15	25.10	24.00	23.30	22.90	22.30
20	25.20	24.00	23.10	22.50	22.00
25	25.20	23.80	22.90	22.20	21.70
30	25.20	23.70	22.70	21.90	21.30
35	25.10	23.50	22.40	21.60	21.00

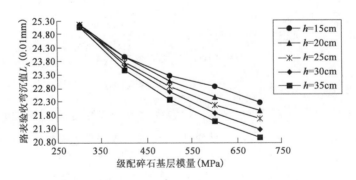

图 3-9　路表验收弯沉值随级配碎石基层模量的变化

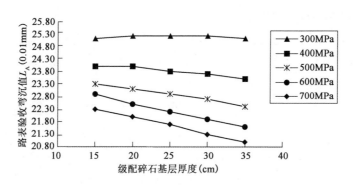

图 3-10　路表验收弯沉值随级配碎石基层厚度的变化

由表 3-11 和图 3-9、图 3-10 可知,随着级配碎石基层厚度和模量的增加,路表验收弯沉值都呈现减小的趋势,通过对比级配碎石基层模量从 200MPa 增到 700MPa 时,路表验收弯沉值减小了 13.9%；级配碎石基层厚度从 15cm 增到 35cm 时,路表验收弯沉值减小了 4.6%。因此,级配碎石基层模量的提高更有利于路表验收弯沉值的减小。

3.3.2　沥青面层厚度和模量对沥青路面结构的影响分析

本小节分析沥青面层厚度和模量对结构的影响。选择沥青面层厚度从 12cm 到 28cm,沥青面层模量从 8000MPa 到 12000MPa,分析沥青混合料层层底拉应变、无机结合料稳定层层底拉应力和路表验收弯沉值的变化。沥青路面结构设计参数如表 3-12 所示。

级配碎石基层沥青路面结构设计计算参数　　　　表 3-12

结构层	材料类型	厚度（cm）	材料模量（MPa）	泊松比	无机结合料稳定类材料弯拉强度（MPa）	沥青混合料车辙试验永久变形量（mm）
上面层	AC-13	12/16/20/24/28	8000/9000/10000/11000/12000	0.25	—	4.5
中面层	AC-20					
下面层	ATB-25					
基层	级配碎石	18	600	0.35	—	—
半刚性基层	水泥稳定碎石	18	11500	0.25	1.8	—
底基层	水泥稳定碎石	18	8500	0.25	1.2	—
土基		—	55	0.4	—	—

1）沥青混合料层层底拉应变的变化

保持路面结构层的其他各层的模量和厚度不变，组合不同厚度和不同模量的沥青面层，从模型计算得到不同组合结构的沥青混合料层层底拉应变，计算结果如表 3-13 和图 3-11、图 3-12 所示。

沥青混合料层层底拉应变随沥青面层厚度、模量的变化表　　表 3-13

沥青面层厚度 h (cm)	沥青混合料层层底拉应变（$\mu\varepsilon$）				
	沥青面层模量（MPa）				
	8000	9000	10000	11000	12000
12	82.2	77.0	72.6	68.7	65.3
16	60.9	57.0	53.6	50.7	48.1
20	47.5	44.3	41.6	39.3	37.2
24	37.9	35.3	33.1	31.2	29.6
28	30.9	28.8	27.0	25.4	24.1

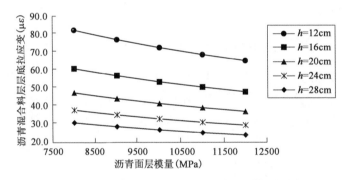

图 3-11　沥青混合料层层底拉应变随沥青面层模量的变化

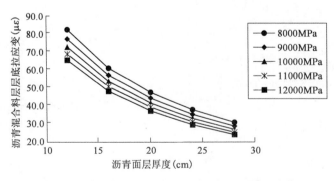

图 3-12　沥青混合料层层底拉应变随沥青面层厚度的变化

由表 3-13 和图 3-11、图 3-12 分析可知,沥青混合料层层底拉应变随沥青面层厚度和模量的增大而逐渐减小,相比较而言,沥青面层厚度对层底拉应变的影响比模量对其的影响更显著。当沥青面层厚度由 12cm 增加到 28cm 时,在不同模量下,层底拉应变平均减小了 62.8%;而沥青面层模量由 8000MPa 增加到 12000MPa 时,在不同厚度下,层底拉应变平均减小了 21.4%。因此,增加沥青面层厚度是提高沥青混合料层疲劳寿命的有效途径。

2)无机结合料稳定层层底拉应力的变化

保持路面结构层的其他各层的模量和厚度不变,组合不同厚度和不同模量的沥青面层,从模型计算得到不同组合结构的无机结合料稳定层层底拉应力,计算结果如表 3-14 和图 3-13、图 3-14 所示。

无机结合料稳定层层底拉应力随沥青面层厚度、模量的变化表　　表 3-14

沥青面层厚度 h (cm)	无机结合料稳定层层底拉应力(MPa)				
	沥青面层模量(MPa)				
	8000	9000	10000	11000	12000
12	0.169	0.167	0.165	0.164	0.162
16	0.153	0.151	0.149	0.147	0.146
20	0.138	0.136	0.134	0.132	0.131
24	0.126	0.123	0.121	0.119	0.117
28	0.114	0.111	0.109	0.107	0.105

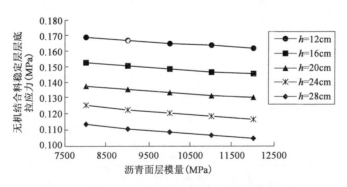

图 3-13　无机结合料层层底拉应力随沥青面层模量的变化

由表 3-14 和图 3-13、图 3-14 分析可知,无机结合料稳定层层底拉应力随着沥青面层厚度和模量的增大而逐渐减小,当沥青面层厚度由 12cm 增加到 28cm 时,在不同模量下,无机结合料稳定层层底拉应力平均减小了 34.0%;而沥青面层模量由 8000MPa 增加到 12000MPa 时,在不同厚度下,层底拉应力平均减小了 5.8%。

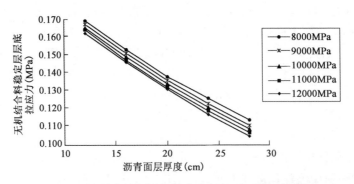

图 3-14 无机结合料稳定层层底拉应力随沥青面层厚度的变化

3) 路表验收弯沉值的变化

保持路面结构层的其他各层的模量和厚度不变,组合不同厚度和不同模量的沥青面层,从模型计算得到不同组合结构的无机结合料层层底拉应力,计算结果如表 3-15 和图 3-15、图 3-16 所示。

路表验收弯沉值随沥青面层厚度、模量的变化表　　　表 3-15

沥青面层厚度 h (cm)	路表验收弯沉值 L_A (0.01mm)				
	沥青面层模量(MPa)				
	8000	9000	10000	11000	12000
12	27.40	26.80	26.30	25.80	25.40
16	24.80	24.20	23.70	23.30	22.90
20	23.00	22.40	21.90	21.50	21.10
24	21.50	21.00	20.50	20.10	19.70
28	20.30	19.80	19.30	18.90	18.60

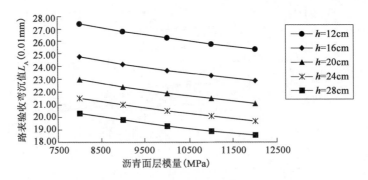

图 3-15 路表验收弯沉值随沥青面层模量的变化

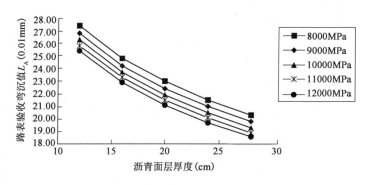

图 3-16 路表验收弯沉值随沥青面层厚度的变化

由表 3-15 和图 3-15、图 3-16 分析可知，无机结合料稳定层层底拉应力随着沥青面层厚度和模量的增大而逐渐减小，当沥青面层厚度由 12cm 增加到 28cm 时，在不同模量下，路表验收弯沉值平均减小了 26.4%；而沥青面层模量由 8000MPa 增加到 12000MPa 时，在不同厚度下，路表验收弯沉值平均减小了 8.0%。

3.3.3 半刚性基层厚度和模量对沥青路面结构的影响分析

本小节分析半刚性基层厚度和模量对结构的影响。选择半刚性基层厚度从 12cm 到 60cm，半刚性基层模量从 8500MPa 到 12500MPa，分析沥青混合料层层底拉应变、无机结合料稳定层层底拉应力和路表验收弯沉值的变化。沥青路面结构设计计算参数如表 3-16 所示。

级配碎石基层沥青路面结构设计计算参数　　　　表 3-16

结构层	材料类型	厚度（cm）	材料模量（MPa）	泊松比	无机结合料稳定类材料弯拉强度（MPa）	沥青混合料车辙试验永久变形量（mm）
上面层	AC-13	20	10000	0.25	—	4.5
中面层	AC-20					
下面层	ATB-25					
基层	级配碎石	18	600	0.35		
半刚性基层	水泥稳定碎石	12/24/36/48/60	8500/9500/10500/11500/12500	0.25	1.8	—
底基层	水泥稳定碎石	18	8500	0.25	1.2	
土基		—	55	0.4	—	

1)沥青混合料层层底拉应变的变化

保持路面结构层的其他各层的模量和厚度不变,组合不同厚度和不同模量的半刚性基层,从模型计算得到不同组合结构的沥青混合料层层底拉应变,计算结果如表 3-17 和图 3-17、图 3-18 所示。

沥青混合料层层底拉应变随半刚性基层厚度、模量的变化表　　表 3-17

半刚性基层厚度 h (cm)	沥青混合料层层底拉应变($\mu\varepsilon$)				
	半刚性基层模量(MPa)				
	8500	9500	10500	11500	12500
12	43.6	43.6	43.5	43.5	43.5
24	42.1	42.0	41.9	41.8	41.8
36	41.5	41.4	41.3	41.2	41.2
48	41.3	41.2	41.1	41.0	41.0
60	41.3	41.2	41.1	41.0	41.0

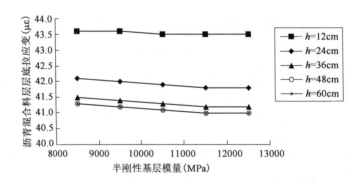

图 3-17　沥青混合料层层底拉应变随半刚性基层模量的变化

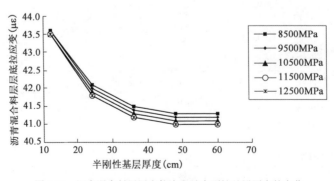

图 3-18　沥青混合料层层底拉应变随半刚性基层厚度的变化

由表3-17和图3-17、图3-18分析可知,沥青混合料层层底拉应变随着半刚性基层厚度的增大而逐渐减小,而随着其模量的变化,沥青层层底拉应变有减小趋势,但变化很小。当半刚性基层厚度由10cm增加到60cm时,在不同模量下,沥青混合料层层底拉应变平均减小了5.6%,同时沥青混合料层层底拉应变减小的幅度随着半刚性基层厚度的增大而逐渐变小。当厚度由10cm增加到20cm时,沥青混合料层层底拉应变变化最显著,而当厚度增加到48cm时,再增加半刚性基层厚度对沥青层层底拉应变没有影响;而沥青面层模量由8500MPa增加到12500MPa时,在不同面层厚度下,沥青混合料层层底拉应变几乎没有变化。因此,无论从半刚性基层厚度的增加还是从其模量的提高,对沥青混合料层层底拉应变的改善均不会起到很显著的成效。

2) 无机结合料稳定层层底拉应力的变化

保持路面结构层的其他各层的模量和厚度不变,组合不同厚度和不同模量的半刚性基层,从模型计算得到不同组合结构的无机结合料稳定层层底拉应力,计算结果如表3-18和图3-19、图3-20所示。

无机结合料稳定层层底拉应力随半刚性基层厚度、模量的变化表　表3-18

半刚性基层厚度 h (cm)	无机结合料稳定层层底拉应力(MPa)				
	半刚性基层模量(MPa)				
	8500	9500	10500	11500	12500
12	0.210	0.210	0.210	0.209	0.208
24	0.154	0.152	0.151	0.149	0.148
36	0.116	0.114	0.112	0.110	0.108
48	0.089	0.088	0.086	0.084	0.082
60	0.071	0.069	0.067	0.065	0.064

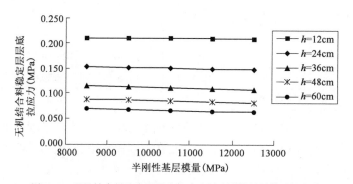

图3-19　无机结合料稳定层层底拉应力随半刚性基层模量的变化

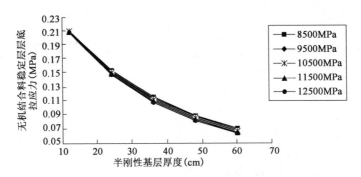

图 3-20　无机结合料稳定层层底拉应力随半刚性基层厚度的变化

由表 3-18 和图 3-19、图 3-20 分析可知,无机结合料稳定层层底拉应力随半刚性基层厚度增大呈现大幅度减小的趋势,而随其模量的增大减小不明显。当半刚性基层厚度由 12cm 增加到 60cm 时,在不同模量下,无机结合料稳定层层底拉应力平均减小了 67.9%;而半刚性基层模量由 8500MPa 增加到 12500MPa 时,在不同面层厚度下,无机结合料稳定层层底拉应力平均减小了 5.9%。因此,半刚性基层厚度的增加对无机结合料稳定层层底拉应力指标的减小起到显著作用。

3) 路表验收弯沉值的变化

保持路面结构层的其他各层的模量和厚度不变,组合不同厚度和不同模量的沥青面层,从模型计算得到不同组合结构的路表验收弯沉值,计算结果如表 3-19 和图 3-21、图 3-22 所示。

路表验收弯沉值随半刚性基层厚度、模量的变化表　表 3-19

半刚性基层厚度 h（cm）	路表验收弯沉值 L_A（0.01mm）				
	半刚性基层模量（MPa）				
	8500	9500	10500	11500	12500
12	26.60	26.90	26.80	26.80	26.80
24	23.00	23.20	23.10	23.00	22.90
36	20.30	20.50	20.40	20.30	20.20
48	18.30	18.40	18.30	18.20	18.10
60	16.90	16.90	16.70	16.60	16.50

由表 3-19 和图 3-21、图 3-22 分析可知,路表验收弯沉值随半刚性基层厚度增大而减小,当厚度由 12cm 增加到 60cm 时,在不同模量下,路表验收弯沉值平均减小了 37.6%;而随着半刚性基层模量的增大,路表验收弯沉值先小幅度上升,随后下降。但从总体来看,半刚性基层模量的变化对路表验收弯沉值的影响很小。因

第3章 高性能级配碎石基层沥青路面结构分析

此,半刚性基层厚度的增加对路表验收弯沉值的减小起到较显著的作用。

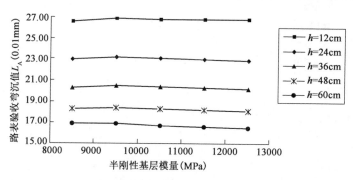

图 3-21 路表验收弯沉值随半刚性基层模量的变化

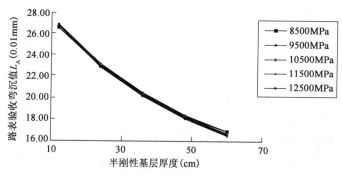

图 3-22 路表验收弯沉值随半刚性基层厚度的变化

3.3.4 土基模量对沥青路面结构的影响分析

本小节分析土基模量对沥青路面结构的影响。沥青路面结构设计计算参数如表3-20所示,选择土基模量从35MPa 到75MPa,分析沥青混合料层层底拉应变、无机结合料稳定层层底拉应力和路表验收弯沉值的变化。设计指标随土基模量变化的计算表见表3-21。

级配碎石基层沥青路面结构设计计算参数　　　　　表 3-20

结构层	材料类型	厚度（cm）	材料模量（MPa）	泊松比	无机结合料稳定类材料弯拉强度（MPa）	沥青混合料车辙试验永久变形量（mm）
上面层	AC-13					
中面层	AC-20	20	10000	0.25	—	4.5
下面层	ATB-25					

续上表

结构层	材料类型	厚度（cm）	材料模量（MPa）	泊松比	无机结合料稳定类材料弯拉强度（MPa）	沥青混合料车辙试验永久变形量（mm）
基层	级配碎石	18	600	0.35	—	—
半刚性基层	水泥稳定碎石	18	11500	0.25	1.8	—
底基层	水泥稳定碎石	18	8500	0.25	1.2	—
土基	—	—	35/45/55/65/75	0.4	—	—

设计指标随土基模量变化的计算表　　　　　表3-21

计算指标	土基模量(MPa)				
	35	45	55	65	75
沥青混合料层层底拉应变($\mu\varepsilon$)	42.2	42.3	42.5	42.5	42.6
无机结合料稳定层层底拉应力 σ(MPa)	0.188	0.181	0.176	0.171	0.167
路表验收弯沉值 L_A(0.01mm)	31.5	27.5	24.7	22.7	21.1

1) 沥青混合料层层底拉应变的变化

保持路面结构层的其他各层的模量和厚度不变，组合不同模量的土基，从模型计算得到不同组合结构的沥青混合料层层底拉应变，计算结果如表3-21和图3-23所示。

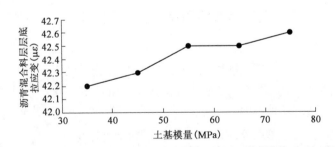

图3-23　沥青混合料层层底拉应变随土基模量的变化

2) 无机结合料稳定层层底拉应力的变化

保持路面结构层的其他各层的模量和厚度不变，组合不同模量的土基，从模型计算得到不同组合结构的无机结合料稳定层层底拉应力，计算结果如表3-21和图3-24所示。

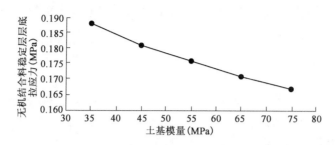

图 3-24 无机结合料稳定层层底拉应力随土基模量的变化

3）路表验收弯沉值的变化

保持路面结构层的其他各层的模量和厚度不变，组合不同模量的土基，从模型计算得到不同组合结构的路表验收弯沉值，结果如图 3-25 所示。

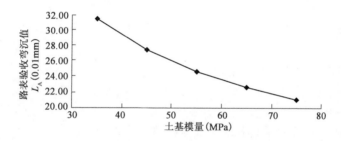

图 3-25 路表验收弯沉值随土基模量的变化

由图 3-23 ~ 图 3-25 分析可知，土基模量增大时，沥青混合料层层底拉应变增大，但是变化很小，分析原因为土基与沥青面层之间有级配碎石基层和半刚性基层，由于基层厚度和模量的影响减弱了土基模量对沥青面层层底拉应变的影响。同时分析数据得到：当土基模量由 35MPa 增大到 75MPa 时，无机结合料稳定层层底拉应力减小了 11.1%，路表验收弯沉值减小了 33.0%。因此可以得出土基模量的增加对减小路表验收弯沉值有显著成效。

3.4 高性能级配碎石基层沥青路面结构推荐

考虑高性能级配碎石中掺加的聚丙烯纤维不会对路面结构的整体产生明显影响，因此在对基于高性能级配碎石基层沥青路面结构推荐时，仅考虑高性能级配碎石与普通级配碎石间模量的不同。

3.4.1 高性能级配碎石基层沥青路面结构设计指标的确定

对于高性能级配碎石基层的沥青路面结构,其损坏的原因主要有三方面:第一是路面结构的永久变形即车辙的大小;第二是沥青面层的疲劳开裂;第三是无机结合料稳定粒料层的疲劳开裂。因此这类路面结构设计指标的主要任务是控制永久(塑性)变形,防止过量车辙和路表不平整的情况出现;控制沥青面层层底拉应变,避免出现沥青面层的疲劳开裂破坏;控制无机结合料稳定层层底拉应力,防止出现无机结合料稳定层的疲劳开裂破坏。

1) 沥青混合料层层底拉应变

沥青路面在行车荷载的反复作用下,沥青面层会出现弯拉应力,当弯拉应力较大时,路面结构沥青面层会出现较大的弯拉应变,从而引起沥青面层疲劳破坏。该设计指标的目的就在于避免沥青路面发生疲劳破坏,保证其疲劳寿命大于路面设计寿命。同时由于沥青混合料层的疲劳寿命受到其层底拉应变的控制,因此将沥青混合料层层底拉应变作为高性能级配碎石基层沥青路面结构的设计指标之一。

2) 沥青混合料层永久变形量

沥青混合料层的永久变形占沥青路面永久变形量的70%以上,并且随着沥青层的加厚这个比例也会增大。控制沥青层的永久变形量是控制沥青路面车辙量的关键,因此将沥青混合料层永久变形量作为高性能级配碎石基层沥青路面结构的设计指标之一。

3) 无机结合料稳定层层底拉应力

下基层和底基层采用水泥稳定等无机结合料碎石材料时,由于其刚度大,减小了路基顶面的压应力,同时使得级配碎石基层不产生拉应力,从而提高了粒料层抗剪切变形的能力。但因为无机结合料层与路基的模量比较大,从而会在无机结合料稳定层层底产生较大的拉应力,为防止层底拉应力过大而产生无机结合料稳定层的疲劳破坏,因此将无机结合料稳定层层底拉应力作为高性能级配碎石基层沥青路面结构的设计指标之一。

3.4.2 不同交通量下级配碎石基层沥青路面结构疲劳寿命确定

1) 沥青混合料层疲劳开裂预估模型

沥青混合料的室内疲劳性能试验,采用了常应变控制和常应力控制两种加载模式。

$$N_{f1} = 6.32 \times 10^{(15.69 - 0.29\beta)} K_a K_b K_{T1}^{-1} \left(\frac{1}{\varepsilon_a}\right)^{3.97} \left(\frac{1}{E_a}\right)^{1.58} (VFA)^{2.72} \quad (3-1)$$

式中:N_{f1}——沥青混合料层疲劳开裂寿命(轴次);

β——目标可靠指标;高速公路取值为1.65;

K_a——季节性冻土地区调整系数;

K_{T1}——温度调整系数;

K_b——疲劳加载模式系数,按式(3-2)计算;

$$K_b = \left[\frac{1+0.3E_a^{0.43}(VFA)^{-0.85}e^{(0.024h_a-5.41)}}{1+e^{(0.024h_a-5.41)}}\right]^{3.33} \tag{3-2}$$

E_a——沥青混合料20℃的动态压缩模量(MPa);

h_a——沥青混合料层厚度(mm);

VFA——沥青饱和度(%);

ε_a——沥青混合料层层底拉应变($\times 10^{-6}$)。

2)无机结合料稳定层疲劳开裂预估模型

结合《公路沥青路面设计规范》(JTG D50—2017),无机结合料类结构层的疲劳性能模型主要依赖室内梁试件的三分点弯曲疲劳试验建立。同时该规范也引入综合修正系数,考虑可靠度系数和环境参数,采用试算拟合的方式确定综合修正系数,对比一定数量路面结构组合的室内模型计算得到的无机结合料稳定层的疲劳寿命与其对应的交通荷载等级和工程经验,根据二者差异,并考虑疲劳寿命随厚度变化的连续性等因素,分别给出综合修正系数(常量),然后拟合综合修正系数关系式。建立无机结合料类结构层的疲劳性能模型如下:

$$N_{f2} = K_a K_{T2}^{-1} 10^{a-b\frac{\sigma_t}{R_s}+K_c-0.57\beta} \tag{3-3}$$

式中:N_{f2}——无机结合料稳定层的疲劳开裂寿命(轴次);

K_a——季节性冻土地区调整系数;

K_{T2}——温度调整系数;

R_s——无机结合料稳定类材料的弯拉强度(MPa);

a、b——无机结合料稳定层材料疲劳试验回归参数,其中本章节中为无机结合料稳定粒料,$a=13.24$,$b=12.52$;

σ_t——无机结合料稳定层层底拉应变(MPa);

K_c——现场综合修正系数,对于本章节新建路面无机结合料稳定粒料结构层,按式(3-4)计算;

$$K_c = 14e^{-0.0076(h_a+h_b)} - 1.47 \tag{3-4}$$

h_a、h_b——沥青混合料层厚度和计算点以上无机结合料稳定层厚度。

《公路沥青路面设计规范》(JTG D50—2017)将交通荷载等级划分为极重、

特重、重、中等和轻五个不同的等级,以设计使用年限内设计车道累计大型客车和货车交通量对应不同的交通荷载等级,采用公路路面设计程序系统(HPDS2017)计算不同交通等级下相对应的沥青混合料层疲劳开裂当量轴次和无机结合料稳定层疲劳开裂当量轴次,如表3-22所示。

交通荷载等级与疲劳开裂当量轴次对应关系　　　　表3-22

交通荷载等级	极重	特重	重	中等	轻
设计车道累计大型客车和货车交通量($\times 10^6$辆)	≥50.0	50.0~19.0	19.0~8.0	8.0~4.0	<4.0
沥青混合料层疲劳开裂当量轴次($\times 10^7$)	≥12.37	12.37~4.70	4.70~1.98	1.98~0.99	<0.99
无机结合料稳定层疲劳开裂当量轴次($\times 10^8$)	≥81.01	81.01~30.79	30.79~12.97	12.97~6.48	<6.48

3.4.3　高性能级配碎石基层沥青路面结构设计流程

高性能级配碎石基层沥青路面结构设计流程图如图3-26所示。

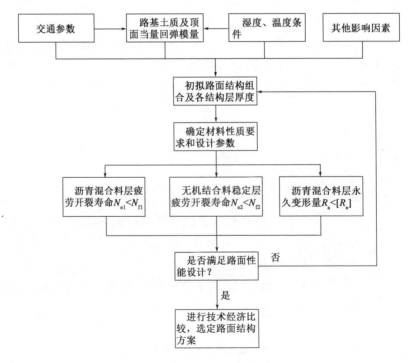

图3-26　路面结构设计流程简图

3.4.4 高性能级配碎石基层沥青路面结构推荐

通过本章 3.2、3.3 小节对级配碎石基层沥青路面结构的分析,增加沥青面层的厚度可以有效地减小沥青混合料层层底拉应变,增加无机结合料稳定层的厚度可以有效减小无机结合料稳定层层底拉应力,同时比较对无机结合料稳定层层底拉应力和沥青面层层底拉应变的影响程度,级配碎石基层厚度对前者的影响更显著。

因此采用表 3-23 的路面结构参数,利用公路路面设计程序系统 HPDS2017,变化不同沥青面层、级配碎石基层和半刚性基层厚度,得到不同结构层厚度组合情况下沥青混合料层疲劳开裂寿命(轴次)、无机结合料稳定层疲劳开裂寿命(轴次)。

级配碎石基层沥青路面结构参数表　　表 3-23

结构层	材料类型	厚度(cm)	材料模量(MPa)	泊松比	无机结合料稳定类材料弯拉强度(MPa)	沥青混合料车辙试验永久变形量(mm)
上面层	AC-13	20	10000	0.25	—	4.5
中面层	AC-20					
下面层	ATB-25					
基层	级配碎石	18	600	0.35	—	
半刚性基层	水泥稳定碎石	18	11500	0.25	1.8	
底基层	水泥稳定碎石	18	8500	0.25	1.2	
土基		—	55	0.4	—	

(1)变化沥青面层厚度 8cm、12cm、16cm、20cm、24cm,计算不同面层模量下上述各面层厚度的沥青混合料层疲劳开裂寿命,同时与 3.4.2 小节中不同交通荷载等级下沥青面层疲劳开裂寿命当量轴载累计作用次数比较,如图 3-27 所示。由图分析可知,沥青面层厚度为 6~8cm 可满足轻交通荷载等级,8~10cm 可满足中等交通荷载等级,10~14cm 可满足重交通荷载等级,14~20cm 可满足特重交通荷载等级,20cm 以上可满足极重交通荷载等级。

(2)变化级配碎石基层厚度 10cm、15cm、20cm、25cm,计算不同级配碎石基层模量下上述各面层厚度的无机结合料层疲劳开裂寿命,同时与 3.4.2 小节中不同交通荷载等级下无机结合料稳定层疲劳开裂寿命当量轴载累计作用次数比较,如图 3-28 所示。由图分析可知,级配碎石基层厚度为 10~15cm 可满足轻交通荷载等级,同时级配碎石基层厚度为 15~20cm 可满足中等交通荷载等级。

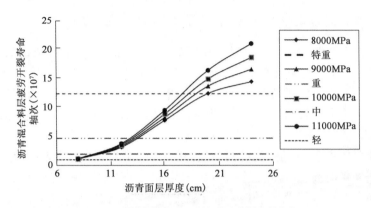

图 3-27 沥青面层疲劳开裂寿命随其厚度的变化

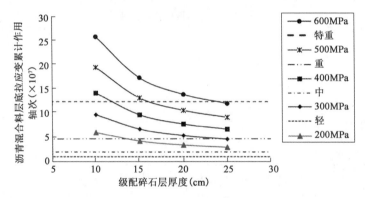

图 3-28 沥青混合料层疲劳开裂寿命随级配碎石基层厚度的变化

因为级配碎石基层厚度对无机结合料层层底拉应力的影响比对沥青混合料层层底拉应变的影响更显著,如图3-29所示,所以选择级配碎石厚度时优先考虑对无机结合料层层底拉应力的影响。因此,确定级配碎石厚度10~15cm适用于中等和轻交通荷载等级,15~20cm适用于重和特重交通荷载等级。

(3)变化半刚性基层厚度12cm、24cm、36cm、48cm,计算不同基层模量下上述各半刚性基层厚度的无机结合料稳定层疲劳开裂寿命,同时与3.4.2小节中不同交通荷载等级下无机结合料稳定层疲劳开裂寿命当量轴载累计作用次数比较,如图3-30所示。由图分析可知,半刚性基层厚度为10~15cm可满足轻交通荷载等级,同时15~20cm可满足中等交通荷载等级,20~35cm可满足重交通荷载等级,35~50cm可满足特重交通荷载等级。

根据《公路沥青路面设计规范》(JTG D50—2017),结合路面设计原则和我国级配碎石基层沥青路面结构使用的实际情况,通过上述理论计算和分析,推荐高性能级配碎石基层沥青路面结构,推荐结构如图 3-31 所示。

无机结合料稳定层疲劳开裂寿命轴次(×10⁸)
级配碎石层厚度(cm)
600MPa
500MPa
400MPa
中
300MPa
轻
200MPa

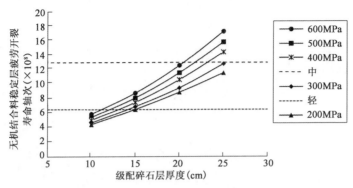

图 3-29 无机结合料稳定层疲劳开裂寿命随级配碎石基层厚度的变化

无机结合料稳定层疲劳开裂寿命轴次(×10⁸)
半刚性层厚度(cm)
8500MPa
特重
9500MPa
重
10500MPa
中
11500MPa
轻

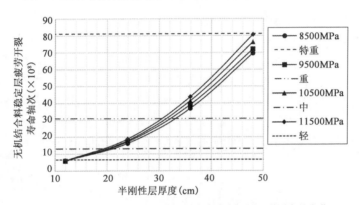

图 3-30 无机结合料稳定层疲劳开裂寿命随半刚性基层厚度的变化

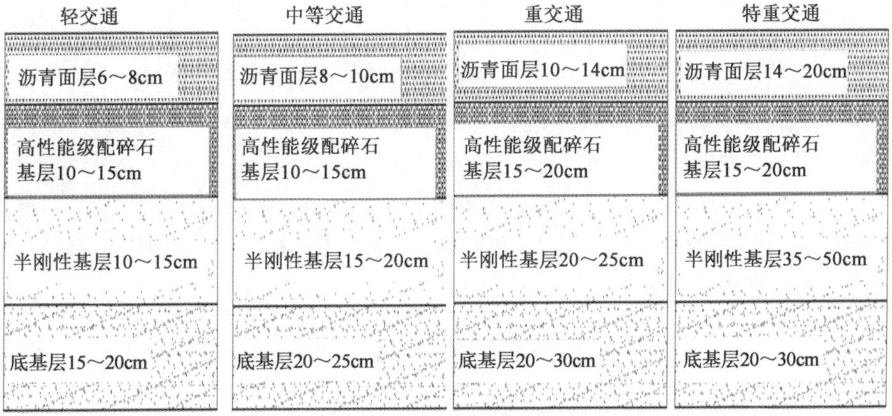

轻交通
沥青面层6～8cm
高性能级配碎石
基层10～15cm
半刚性基层10～15cm
底基层15～20cm
中等交通
沥青面层8～10cm
高性能级配碎石
基层10～15cm
半刚性基层15～20cm
底基层20～25cm
重交通
沥青面层10～14cm
高性能级配碎石
基层15～20cm
半刚性基层20～25cm
底基层20～30cm
特重交通
沥青面层14～20cm
高性能级配碎石
基层15～20cm
半刚性基层35～50cm
底基层20～30cm

图 3-31 高性能级配碎石基层沥青路面结构

第4章 高性能级配碎石加速加载试验与车辙模拟分析

高性能级配碎石的抗剪强度、劈裂强度、无侧限抗压强度和 CBR 的性能验证均优于普通级配碎石,以上性能保证了高性能级配碎石基层具有足够的承载能力和抗变形能力,但在重复荷载作用下,粒料类基层会出现压密变形和剪切变形而产生塑性变形累积,同时夏季高温条件下沥青面层会出现塑性变形累积,这些变形导致了级配碎石基层沥青路面结构的路面车辙和路表不平整。因此,本章采用高温加速加载试验对普通级配碎石基层、高性能级配碎石基层两种结构的抗车辙性能做进一步研究,同时采用 Abaqus 有限元软件对两种路面结构高温加速加载下的车辙进行模拟计算,对比分析有限元计算结果和实测数据。

4.1 加速加载试验设备简介

4.1.1 ALF 设备

交通运输部公路科学研究院于 1989 年从澳大利亚引进了一套大型道路试验系统——直线型加速加载试验设备(简称 ALF)。ALF 是一套大型可移动式并能够在工程现场模拟实际交通情况的野外足尺路面综合加速加载试验设备(图 4-1)。在短时间试验内通过控制其轴载对足尺路面进行加速加载,模拟若干年内实际交通荷载对路面结构的破坏作用。

ALF 主要由加热系统、加载系统及数据采集系统三部分组成,以单轴双轮荷载模拟标准轴载,轴载大小为 80~200kN,轮胎气压为 0.7~0.8MPa,加载速度为 20km/h,加载带长度为 12m。

4.1.2 三维激光断面数据采集系统

三维激光断面数据采集系统是一套试验用研究型路面车辙采集设备,能够获取典型试验路段的三维路面车辙图形。直观建立标准轴次和各种超载轴次与路面车辙形成过程的关系,为路面结构的筛选、测试路面表面功能变化量和进行路面动稳定性的研究提供依据。三维路面采集系统主要可用于检测车辙、坑槽及构造深度,如图4-2所示。

图4-1　ALF加速加载试验设备

图4-2　三维激光断面数据采集系统

4.2　加速加载试验

4.2.1　试验方案

试验中修筑两段试验路,每段长度15m(ALF 行车方向),宽为5m,取中间12m进行加速加载试验。两段试验路在试验时分别采用不同的加载温度。本次加速加载试验采用了4种路面结构(表4-1)。每条试验路上每隔3m铺筑一种路面结构,每种路面结构纵向彼此连接,保证加载时,轮载能够连续在试验路上行走。具体试验路布置图见图4-3。

加速加载试验段沥青路面结构形式　　　　表4-1

结构编号	A	B	C	D
上面层	4cm AC-13C 沥青混合料(SBS改性沥青)			
下面层	6cm AC-20C 沥青混合料(SBS改性沥青)			
基层含水率、密度	18cm 重型击实级配碎石 (6.1%、2261g/cm³)	18cm 振动击实级配碎石 (5.5%、2.315g/cm³)	18cm 高强度级配碎石 (5.5%、2.315g/cm³)	18cm 水泥稳定碎石
底基层	18cm 水泥稳定碎石			

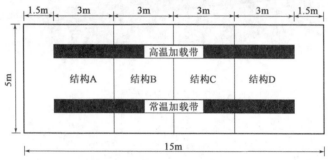

图4-3　加速加载试验布置图

本次加速加载试验采用高温(50℃)加载三种路面结构方式,轴载均是160kN,加载速度20km/h,高温加载试验时利用三维激光断面数据采集系统采集路面结构的车辙变化;在加载试验过程中,为了分析铺筑级配碎石基层的路面结构在累积荷载作用下的动力响应,在路面结构中埋设了弯拉应变传感器、竖向应力传感器,以及温度传感器等;其中弯拉应力传感器埋设于两层沥青层的底部,竖向应力传感器埋置于级配碎石基层的中间部位(A、B、C结构),温度传感器埋设于沥青路面表面、路面以下3cm及路面以下7cm处。本次试验高性能级配碎石的合成级配和级配上下限要求见表4-2。

加速加载试验段级配碎石级配　　　　表4-2

级配类型	通过下列筛孔(mm)的质量百分率(%)											
	31.5	26.5	19	16	9.5	13.2	4.75	2.36	1.18	0.6	0.3	0.15	0.075
合成级配	100.0	95.5	78.2	64.1	57.1	49.9	35.8	21.0	15.2	9.7	6.5	5.0	2.8
级配上限	100.0	100.0	85.0	72.0	64.0	54.0	40.0	27.0	18.0	14.0	11.0	9.0	5.0
级配下限	100	90.0	71.0	60	54	44	30	17	12	8	5	3	0

4.2.2 试验路铺筑

试验路铺筑于交通运输部公路交通试验场(通州区)。针对不同的路面结构,为了区分重型击实级配碎石、振动击实级配碎石、掺纤维级配碎石三种路面结构,三种类型级配碎石在施工工艺有所差异。对于重型击实级配碎石,先弱振初压1遍,再强振复压4遍,然后弱振终压2遍;对于振动击实级配碎石和掺纤维级配碎石,先弱振初压1遍,再强振复压7遍。试验路的铺筑如图4-4所示。

图4-4 加速加载试验路铺筑

4.3 路面检测数据采集与分析

4.3.1 温度采集

本次加速加载试验采用高温加载试验方案。在试验过程中,采用温度传感器对沥青路面表面、路面下3cm及路面下7cm处的温度进行实时监控,如图4-5所示。

高温加载试验过程中,试验温度为50℃,其温度变化趋势如图4-6所示。

通过对温度采集数据绘图分析可以看出,路表受外界环境的影响温度较路表下3cm、7cm的温度偏低一些,但温差很小。本次高温加载试验的路面结构温度基本浮动在(50±2)℃,温度情况较稳定。

图 4-5 路面温度传感器及温度采集

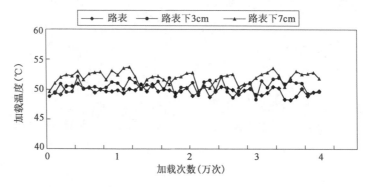

图 4-6 高温加载下路面温度随加载次数变化的关系

4.3.2 车辙采集及结果分析

1) 车辙数据采集

通过铺筑试验路段,模拟重载情况下的行车荷载进行加速加载试验,每间隔一定加载次数,采集试验路段车辙深度。本段试验路总共分为 25 个断面,分别进行了编号,相邻断面间隔 50cm,采用三维激光断面仪进行车辙数据采集。车辙采集过程见图 4-7,车辙采集软件见图 4-8。

在高温(50℃)条件下,试验路共加载了 5 万次,同时在加载过程中对路面结构温度和车辙变化数据进行了采集,四种路面结构横断面的车辙变化规律都比较明显,图4-9、图4-10是加载过程中采集到的两种路面结构的车辙变化。图中白线为断面原路面位置。

图4-7　车辙采集过程　　　　　　图4-8　车辙采集软件界面

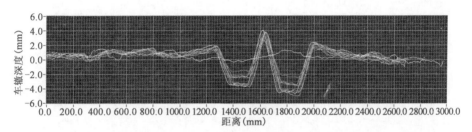

图4-9　A3断面车辙变化

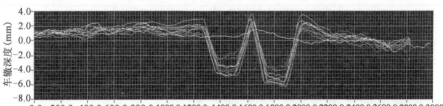

图4-10　B3断面车辙变化

2) 试验结果分析

(1) 高温条件下加载试验路车辙数据分析

试验过程中,在高温加载区域的试验路在温度50℃的条件下,采用轴载160kN加载了4.5万次。换算成100kN的标准轴载累计达到38.65万次。

通过数据整理,得到各结构横断面车辙深度随加载次数的变化规律,如表4-3及图4-11所示。

高温加载4.5万次后各路面车辙深度　　　　　表4-3

加载次数 (千次)	车辙深度(mm)			
	A结构	B结构	C结构	D结构
0	0	0	0	0
3	5.08	5.22	5.93	6.85
6	7.22	7.13	6.65	7.76
11	8.25	7.94	7.11	9.14
15	8.76	8.24	7.84	9.62
20	9.68	8.63	8.01	10.10
25	10.04	9.27	8.43	10.63
30	9.87	9.22	8.76	11.06
35	10.39	9.58	8.92	11.66
40	11.01	10.16	9.27	12.43
45	11.28	10.56	9.71	12.77

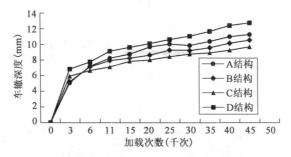

图4-11　各路面结构的路面车辙随加载次数变化关系

从路面车辙来看,在加温后,路面车辙轮迹两边向上隆起,为明显的失稳性车辙。结合以上试验结果可以得到:

①4种结构路面轮迹处横断面车辙呈W型,且随着加载次数的增加,横断面车辙深度逐渐增大。在加载初期,车辙深度增加非常明显;而在加载后期(约2.5万次以后),车辙深度增加趋势减小,曲线平缓。

②对比4种路面结构加载4.5万次后的车辙深度:D结构>结构A>结构B>结构C。D结构车辙深度大于A、B、C结构,其原因是在高温条件下,沥青面层的模量较小,与水泥稳定碎石基层模量相差较大,在车轮荷载作用下沥青面层产生的剪应力较大,从而形成较深的车辙深度。此外,B结构车辙深度要小于A结构,说明振动击实级配碎石基层的强度相对较高,进而提高了其抗塑性变形能

力,而加纤维后强度增长的效果更明显。

(2) 常温条件下加载试验路车辙数据分析

在常温条件下,加速加载试验共加载了 20 万次,换算成 100kN 的标准轴载累计达到 154.6 万次。分别采集了 4 种路面结构的温度和车辙变化,如表 4-4 及图 4-12 所示。

常温加载 20 万次后各路面车辙深度　　　　　　　表 4-4

加载次数 (万次)	车辙深度(mm)			
	A 结构	B 结构	C 结构	D 结构
0	0	0	0	0
2	1.345	0.908	0.803	0.543
4	1.905	1.197	0.864	0.647
6	2.089	1.433	1.049	0.896
8	2.168	1.489	1.289	1.021
10	2.580	1.783	1.649	1.380
16	3.036	2.496	2.281	1.870
18	3.498	2.983	2.616	2.319
20	3.933	3.572	3.103	2.854

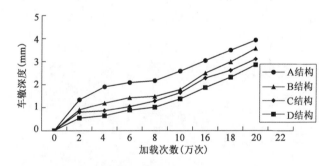

图 4-12　各路面结构的路面车辙随加载次数变化关系

从表 4-4 及图 4-12 中的结果可以看出:

① 试验路面在常温下经过重载 20 万次之后,各路面结构的车辙深度相对高温的车辙深度较小。

② 对比 4 种路面结构加载 20 万次后的车辙深度:A 结构 > B 结构 > C 结构 > D 结构。D 结构车辙深度小于 A、B、C 结构,其原因是在常温条件下,面层与基层模量相差较小,而且水泥稳定碎石基层的强度比级配碎石基层大,从而产

生的车辙深度较小。此外,振动击实级配碎石基层车辙深度要小于重型击实级配碎石基层,说明振动击实级配碎石基层的强度相对较高,进而提高了其抗塑性变形能力,而加纤维后强度增长的效果更明显。

总体看来,高温加载试验时,A、B、C结构的沥青路面抗车辙能力比D结构的沥青路面抗车辙能力好;常温加载试验时,A、B、C结构的沥青路面抗车辙能力比D结构的沥青路面抗车辙能力差。无论是在高温还是常温加载试验,A、B、C结构的沥青路面抗车辙能力依次是C结构>B结构>A结构,从而可以说明采用振动击实和添加聚丙烯纤维都可以有效提升级配碎石基层的强度,进而提高其抗塑性变形能力。C结构常温条件下的抗车辙能力不如D结构,高温条件下其抗车辙能力优于D结构,同时在实际工程中沥青路面的车辙主要在高温时产生,常温或低温条件下路面车辙损害较少,因此,综合考虑认为C结构相对于D结构在实际使用的过程中其抗车辙优势更为明显,其服务寿命更长。

4.3.3 弯沉数据采集及试验结果分析

弯沉是表征路面结构承载力的重要指标,它不但可以反映路面结构各结构层及土基的刚度和强度,还与路面的使用状态存在着一定的内在联系,随着累积轴载次数的增加,路面结构的承载力会随之降低,即路表弯沉值不断增大。目前国内,测量路表弯沉的方法比较多,主要包括贝克曼梁、落锤石式弯沉仪(手持式、拖挂式、车载式)、自动弯沉仪等,而本试验采用贝克曼梁采集各路面结构的路表弯沉,如图4-13所示。

图4-13 弯沉试验

在常温条件下,利用贝克曼梁对各路面结构的路表弯沉值进行采集,其弯沉值经过温度修正后,如表4-5及图4-14所示。

常温加载20万次后各路面弯沉值　　　　　　表4-5

加载次数	弯沉值(0.01mm)			
（万次）	A结构	B结构	C结构	D结构
0	31.56	26.26	22.55	8.14
2	31.01	26.08	22.11	8.37
4	30.58	26.00	21.94	8.69
6	31.11	26.67	22.82	8.21
8	31.44	28.78	23.70	8.90
10	32.44	29.32	24.99	8.06
14	33.86	29.27	25.26	8.58
16	35.19	32.28	28.03	9.39
18	38.14	33.45	29.06	8.73
20	37.95	34.52	28.41	10.81

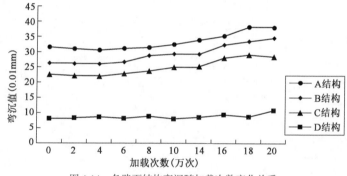

图4-14　各路面结构弯沉随加载次数变化关系

从表4-5及图4-14中的结果可以看出：

（1）在4种结构中，D结构弯沉值最小，其次为C结构，A结构的弯沉最大。D结构的弯沉值比A、B、C结构小，是由于水泥稳定碎石的承载力比级配碎石的承载力高；C结构的弯沉值小于A、B结构，是由于采用振动击实及添加纤维后，级配碎石基层的强度相对较高，进而提升其承载力。

（2）在加载前期，4种路面结构的路面弯沉值都小幅度的减少，随着加载次数的增加，柔性基层路面结构弯沉值都略微增加，水稳基层的路面弯沉值始终稳定在一个水平上，直到本次试验结束；在整个试验过程中，4种路面结构的弯沉值都没有发生明显的突变，说明在加速加载试验期间路面结构没有发生结构性损坏，表明都具有较好的承载能力。

4.3.4 路面结构应力应变数据采集及试验结果分析

在车辆荷载反复作用下,沥青面层容易产生疲劳破坏,针对此类破坏形式能通过限制沥青层层底的弯拉应变或应力进行控制。为了研究4种路面结构在相同车辆荷载作用下沥青层层底的动力响应,将光纤应变传感器埋设在沥青层层底,对各路面结构沥青层层底的弯拉应变进行实时监测。

级配碎石作为散体材料,其稳定性和强度较差,在车辆荷载作用下易产生较大的剪切变形,为了有效研究级配碎石基层在车辆荷载作用下的动力响应,将应力传感器埋设在级配碎石基层层间,对各路面结构级配碎石基层层间应力变化进行实时监测。

1)沥青层层底弯拉应变

光纤应变传感器分别埋设于 A、B、C、D 结构沥青层层底,横向埋置并垂直行车方向。通过 OSA 光纤传感数据分析仪进行数据采集与分析。得到了试验段在不同加载次数后的应变曲线图及应变大小,如表4-6及图4-15所示。

各结构沥青层层底弯拉应变　　　　表4-6

加载次数 (万次)	温度 (℃)	沥青层层底弯拉应变($\mu\varepsilon$)			
		A 结构	B 结构	C 结构	D 结构
0	9.0	114.4	95.2	74.52	-12.64
2	6.0	106	85.2	71.92	-8.92
4	7.4	97.6	72.24	64.84	-10.84
6	11.23	80.2	70.92	59.84	-14.84
8	12.3	72.72	65	55.24	-14.16
10	17.3	66.24	57.32	56.96	-16.28
12	12.6	74.12	63.52	44.96	-12.56
14	17.63	63.72	48.28	43.44	-18
16	16.08	62.24	49.48	45.44	-17.44
18	18.25	61.92	45.52	40.92	-18.72
20	19.36	58.24	50.56	39.88	-20.92

从表4-6及图4-15试验结果可知:

(1)在加载试验过程中,随着加载次数与温度的增长,A、B、C 结构的沥青层层底弯拉应变的变化规律一致,且与温度的变化规律呈相反趋势,在加载前期,其弯拉应变迅速减小,当加载次数超过8万次之后,其弯拉应变的变化速度逐渐减慢,最终趋于稳定;D 结构沥青层层底弯拉应变变化规律与 A、B、C 结构的沥青层层底弯拉应变的变化规律有所不同,但与温度的变化规律表现一致,随着加载次数的增加,其压应变逐渐增大。

(2) A、B、C 结构的沥青面层层底弯拉应变呈受拉状态,而 D 结构的沥青面层层底弯拉应变呈受压状态,可能是因为级配碎石基层的强度及模量较低,水泥稳定碎石的强度及模量较高。

(3) C 结构的沥青层层底弯拉应变小于 A、B 结构,主要因为是 C 结构中高强度级配碎石基层采用了振动击实及添加聚丙烯纤维两种改进的方法,其模量和强度相对于 A、B 结构中级配碎石较高。

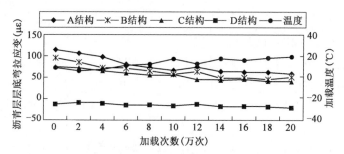

图 4-15　各结构沥青层层底弯拉应变随加载次数变化曲线

2) 级配碎石基层层间竖向应力

通过 OSA 光纤传感数据分析仪进行数据采集与分析,得到了试验段在不同加载次数后的应力曲线图,其试验结果如表 4-7 及图 4-16 所示。

各结构级配碎石基层层间竖向应力　　　　表 4-7

| 加载次数 | 温度 | 级配碎石基层层间竖向应力(MPa) | | |
(万次)	(℃)	A 结构	B 结构	C 结构
0	9.0	0.126	0.117	0.105
2	6.0	0.114	0.111	0.102
4	7.4	0.144	0.123	0.111
6	11.23	0.132	0.117	0.111
8	12.3	0.135	0.123	0.114
10	17.3	0.126	0.114	0.105
12	12.6	0.111	0.096	0.081
14	17.63	0.105	0.087	0.084
16	16.08	0.102	0.096	0.081
18	18.25	0.099	0.09	0.078
20	19.36	0.102	0.087	0.075

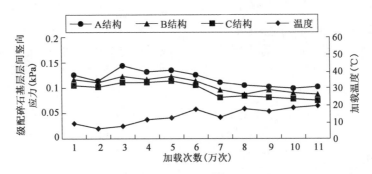

图4-16 各结构级配碎石基层层间竖向应力随加载次数变化曲线

从表4-7及图4-16试验结果可知：

（1）A、B、C结构在加载过程中，级配碎石基层层间竖向应力均呈受压状态，其中C结构的竖向应力小于A、B结构，可能是因为采用振动成型和添加纤维后，级配碎石的强度相对较大而引起的，另外，三种结构的应力变化与加载温度没有明显的关系。

（2）随加载次数的增加，A、B、C结构级配碎石基层层间竖向应力均呈现先下降后稳定的趋势，可能是由于在加载初期，随加载次数的增加，级配碎石的压实度及强度逐渐增加，从而使级配碎石基层层间竖向应力逐渐减小，但当加载次数达到一定值后，级配碎石基层的压实度和强度已逐渐饱和，因而其压应力变化也相对比较稳定。

4.4 高性能级配碎石基层沥青路面车辙有限元模拟分析

本章将首先采用Abaqus有限元软件模拟连续变温条件下沥青路面的温度场，继而进行沥青路面结构的车辙计算。

4.4.1 路面车辙有限元模拟相关理论和计算方法

1）周期性变温条件下的路面温度场边界形式

大气温度在太阳辐射作用下，昼夜之间产生显著的差异，呈现日周期性变化特征。受大气温度影响，路面结构温度场也相应呈现近似周期性变化的特征。因此，利用这种周期性变化的特征定义路面结构温度场边界条件。

当沥青路面结构厚度、热物性等条件确定的情况下，影响路面结构温度场的主要环境因素有日太阳辐射总量 Q、有效日照时数 c、日最高（低）气温 T_a^{max}（T_a^{min}）以及日平均风速 v_w 等。

（1）太阳辐射

根据 Barber、严作人等研究结果，太阳辐射 $q(t)$ 的日变化过程可采用以下函数近似表示：

$$q(t) = \begin{cases} 0 & 0 \leq t < 12 - \dfrac{c}{2} \\ q_0 \cos m\omega(t-12) & 12 - \dfrac{c}{2} \leq t \leq 12 + \dfrac{c}{2} \\ 0 & 12 + \dfrac{c}{2} < t \leq 24 \end{cases} \quad (4\text{-}1)$$

式中：q_0——中午最大辐射，$q_0 = 0.131mQ$，$m = 12/c$；

Q——日太阳辐射总量（J/m²）；

c——实际有效日照时数（h）；

ω——角频率（rad），$\omega = 2\pi/24$。

上式为分段函数，计算时存在间断点，不可导，需利用级数展开得到可导函数表达式，利用 Fourier 级数展开如式（4-2）所示，其中 k 达到 30 阶时即可满足计算精度要求。

$$q(t) = \frac{a_0}{2} + \sum_{k=1}^{\infty} a_k \cos \frac{k\pi(t-12)}{12} \quad (4\text{-}2)$$

式中：$a_0 = \dfrac{2q_0}{m\pi}$；

$$a_k = \begin{cases} \dfrac{q_0}{\pi}\left[\dfrac{1}{m+k}\sin(m+k)\dfrac{\pi}{2m} + \dfrac{\pi}{2m}\right] & k = m \\ \dfrac{q_0}{\pi}\left[\dfrac{1}{m+k}\sin(m+k)\dfrac{\pi}{2m} + \dfrac{1}{m-k}\sin(m-k)\dfrac{\pi}{2m}\right] & k \neq m \end{cases}$$

（2）气温及对流热交换

大气温度在太阳辐射作用下呈现日周期性变化特征。一般情况下，每天黎明时分（04:00—06:00）出现日最低气温，午后时分（14:00）出现日最高气温，因此一天中气温由最低升到最高大约需要 10h，而从最高下降到最低则需要 14h 以上。由于气温变化的不对称性，变温过程模拟需采用两个正弦函数的线性组合。

$$T_A = T_a + T_m[0.96\sin\omega(t-t_0) + 0.14\sin2\omega(t-t_0)] \quad (4\text{-}3)$$

式中：T_A——日平均气温（℃），$T_A = \dfrac{1}{2}(T_a^{max} + T_a^{min})$；

T_m——日气温变化幅度(℃), $T_m = \frac{1}{2}(T_a^{max} - T_a^{min})$, T_a^{max}、T_a^{min} 分别为日最高与最低气温(℃);

ω——角频率(rad), $\omega = 2\pi/24$;

t_0——初相位。

路面表面与大气产生热交换的热交换系数 h_c 主要受风速 v_w 的影响,两者之间呈线性关系,即

$$h_c = 3.7 v_w + 9.4 \tag{4-4}$$

式中:h_c——热交换系数[W/(m²·℃)];

v_w——日平均风速(m/s)。

(3) 路面有效辐射

地面温度、气温、空气湿度以及空气透明度等很多因素均可以影响路面有效辐射的大小。本节路面有效辐射的边界条件用下式表示:

$$q_F = \varepsilon\sigma[(T_1 - T_z)^4 - (T_a - T_z)^4] \tag{4-5}$$

式中:q_F——地面有效辐射[W/(m²·℃)];

ε——路面发射率,沥青路面取 0.81;

σ——Stefan-Boltzmann 常数[W/(m²·K⁴)],取 5.6697×10^{-8};

T_1——路面温度(℃);

T_a——大气温度(℃);

T_z——绝对零度值(℃), $T_z = -273$℃。

2) 沥青路面结构车辙计算

(1) Abaqus 中的蠕变模型

随着应力的变化,即轴重的不同,沥青路面车辙也发生相应的变化,因此本节采用 Abaqus 应变硬化蠕变模型进行车辙计算分析。

路面材料的蠕变变形 ε_{cr} 可以表示为温度 T、应力 q 和时间 t 的函数,即

$$\varepsilon_{cr} = f(T, q, t) \tag{4-6}$$

应力 q 保持不变,Abaqus 中的时间硬化蠕变模型表达式如下:

$$\dot{\varepsilon}_{cr} = Aq^n t^m \tag{4-7}$$

应力 q 变化,Abaqus 中的应变硬化蠕变模型表达式如下:

$$\dot{\varepsilon}_{cr} = \{Aq^n[(m+1)\bar{\varepsilon}_{cr}]^m\}^{\frac{1}{m+1}} \tag{4-8}$$

以上式中:$\dot{\varepsilon}_{cr}$——单轴等效蠕变应变率;

$\bar{\varepsilon}_{cr}$——单轴等效蠕变应变;

q、t——应力和时间；

A、n、m——模型参数，可以通过室内材料蠕变试验确定，$A,n>0$；$-1<m\leq 0$。

（2）变温情况下沥青路面车辙模拟分析方法

在大气温度的影响下，路面结构的温度随时间不同而变化，这时温度场为瞬态温度场，而由于沥青混合料黏弹性的性质，其材料特性受温度影响显著，尤其高温情况影响更甚。因此，引入路面结构实际温度场，模拟路面材料温度变化时车辙的变化规律。连续变温条件下沥青路面车辙模拟分析方法原理图如图4-17所示。

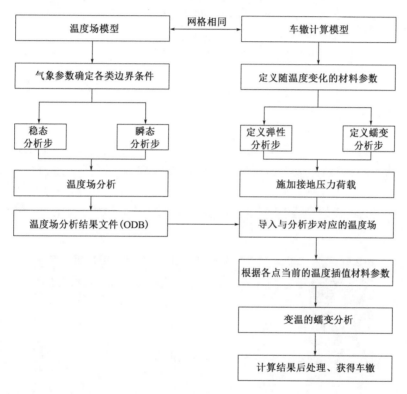

图4-17　连续变温条件下沥青路面车辙模拟分析方法原理图

本节所用的材料模型为蠕变模型和弹性模型，因此计算的总变形为蠕变变形与弹性变形之和，而弹性变形在零荷载时会自行恢复，所以计算车辙量为总变形量减去弹性变形量。

4.4.2　温度场的分析

本章4.3节加速加载试验中对路表下温度进行了采集，由于高温加载受人为控制,温度较为稳定,平均为50℃。路面结构如4.2节利用Abaqus软件建立有限元模型尺寸为(宽)3.75m×(厚)2m的二维平面模型,土基底面各向位移为零,两侧水平方向位移为零。轴载为160kN,双圆均布荷载为0.7MPa,当量圆半径为10.65cm,加载速度为20km/h,模拟该路面作用5万轴次后的路面车辙。路面结构形式如图4-18所示。

```
4cm AC-13C(SBS改性沥青)
6cm AC-20C(SBS改性沥青)
18cm高性能级配碎石GM
18cm水泥稳定碎石CTB
土基SG
```

图4-18 路面结构形式

根据加速加载试验中高温加载时测试的温度,设定温度边界条件,建立温度场计算模型,对高性能级配碎石基层沥青路面结构温度场进行数值分析,步骤如下:

(1)在Part模块中,建立宽3.75m,厚2m沥青路面结构二维模型,如图4-19所示。

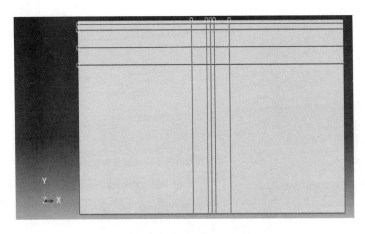

图4-19 剖分完成的路面结构模型

(2)在Property模块中,输入材料的密度、热传导率和比热容等物理参数,如表4-8所示。

材料物理参数 表4-8

参　数	AC-13,AC-20	GM	CTB	SG
热传导率 $k[J/(m·h·℃)]$	4680	5616	5616	5616
密度 $\rho(kg/m^3)$	2500	2340	2200	1800
比热容 $C[J/(kg·℃)]$	924.9	921.1	911.7	1040.0
太阳辐射吸收率	0.90			
路面发射率 ε	0.81			
绝对零度值(℃)	-273			
Stefan-Boltzmann 常数 $\sigma[J/(h·m^2·K^4)]$	$2.041×10^{-4}$			

(3) 在 Assembly 模块中,进行路面结构部件的实例化。

(4) 在 Step 模块中,定义稳态和瞬态热传导分析步。

(5) 在 Interaction 模块中,设定"气温及对流热交换"和"路面有效辐射"条件。

(6) 在 Load 模块中,定义"太阳辐射"条件。

在"相互作用"和"加载"模块中需要调用"温度随时间变化"和"太阳辐射"的用户子程序,如图4-20所示。

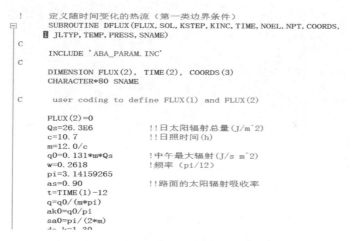

图 4-20　子程序截图

(7) 在 Mesh 模块中,对路面结构进行网格划分(图4-21),采用八结点二次传热四边形单元(DC2D8)。

(8) 在 Job 模块中,切换 Abaqus Command 环境,运行相应命令,对路面结构的温度场进行数值分析。

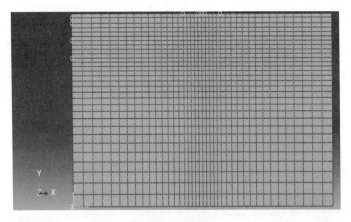

图 4-21 网格划分

(9)在 Visualization 模块中,得到路面温度场的计算结果,如图 4-22 所示。

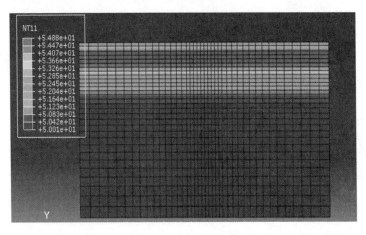

图 4-22 温度场计算结果

4.4.3 路面车辙的计算

1)高性能级配碎石基层沥青路面车辙模拟计算

(1)建立车辙计算模型,结合上一节的温度场分析,当温度变化时,进行高性能级配碎石基层的沥青路面车辙模拟计算,计算步骤如下:

①采用与温度场分析相同的车辙计算模型。

②在 Property 模块中,设定沥青混合料和基层的材料参数,如表 4-9、表 4-10 所示。

沥青混合料弹性参数和蠕变参数表　　　　　表4-9

混合料类型	温度($℃$)	弹性参数		蠕变参数		
		回弹模量 E（MPa）	泊松比 μ	A	n	m
AC-13	20	870	0.25	6.536×10^{11}	0.937	-0.592
	30	620	0.3	3.325×10^9	0.862	-0.587
	40	554	0.35	1.446×10^8	0.792	-0.577
	50	530	0.4	1.390×10^6	0.414	-0.525
	60	526	0.45	1.464×10^5	0.336	-0.502
AC-20	20	910	0.25	4.580×10^{11}	0.944	-0.596
	30	752	0.3	2.461×10^9	0.796	-0.585
	40	600	0.35	3.673×10^8	0.773	-0.570
	50	440	0.4	4.802×10^6	0.595	-0.532
	60	380	0.45	7.778×10^5	0.384	-0.441

基层和土基材料参数表　　　　　表4-10

材　料	抗压回弹模量 E（MPa）	泊松比 μ
高性能级配碎石 GM	600	0.35
普通级配碎石 GM	400	0.35
水泥稳定碎石 CTB	1600	0.25
土基 SG	55	0.40

③在 Step 模块中，建立弹性分析步（Static），将分析步时间尽量设置为很小的量（取 1×10^{-10}）；建立蠕变分析步（Visco），将模拟重复车辆荷载累积作用时间设定为分析步总时间。

在分析步模块中，最重要的是确定分析步的荷载作用时间，即分析步时长，计算公式如式(4-9)所示：

$$t = \frac{0.36NP}{npBv} \tag{4-9}$$

式中：t——荷载累计作用时间(s)；

N——荷载作用次数(次)；

P——轴重(kN)；

n——轴的轮数(个)；

p——轮胎接地压力(MPa);
B——轮胎接地宽(cm);
v——行驶速度(km/h)。

结合本章中对高性能级配碎石基层沥青路面结构的高温加速加载试验,其中轴重 160kN,荷载作用次数 5 万次,胎压 0.7MPa,轴轮数 4,轮胎接地宽 21.3cm。由以上公式计算可以得到,轴载一次作用时间为 0.048289738s,轴载作用 5 万次的时间为 2414.49s。

④在 Load 模块中,根据静力等效原则加载静载,并导入上一节温度场分析中得到的相应各蠕变分析步的温度场。

⑤在计算分析每一步之前,有限元软件会根据结点的温度自动插值已经定义的材料参数,然后代入分析模型,最后计算分析出蠕变数值。

(2)在后处理分析中,将各点蠕变分析步中的总变形减去弹性分析步的弹性变形,得到永久变形量,即为车辙量。

根据 Abaqus 有限元模拟,对高性能级配碎石基层沥青路面结构高温加速加载试验 5 万次,得到沥青路面的竖向位移 U2 如图 4-23 所示,因此可以计算该结构的路面车辙为:5.59mm(最大凹陷)+3.32mm(最大隆起)=8.91mm。

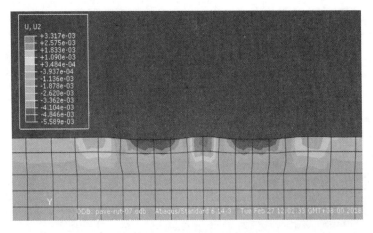

图 4-23　高温加载 5 万次后高性能级配碎石基层沥青路面的竖向位移

2)普通级配碎石基层沥青路面车辙模拟计算

按照上述步骤,采用相同温度场,将级配碎石弹性模量设置为 400MPa,对普通级配碎石基层的沥青路面结构进行有限元车辙模拟计算,根据 Abaqus 有限元模拟,对普通级配碎石基层沥青路面结构高温加速加载试验 5 万次,得到沥青路面的竖向位移 U2 如图 4-24 所示,因此可以计算该结构的路面车辙为:5.81mm(最大凹陷) + 3.42mm(最大隆起) = 9.23mm。

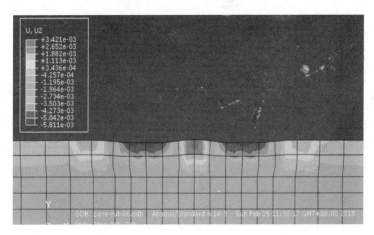

图 4-24　高温加载 5 万次后普通级配碎石基层沥青路面的竖向位移

4.4.4　实测车辙与有限元模拟车辙对比分析

利用 Abaqus 有限元软件分别模拟级配碎石基层、高性能级配碎石基层沥青路面结构,计算在高温加速加载 5 万次后中的车辙,并与实际测得数据比较,见表 4-11。同时,利用 Abaqus 中的分步显示将累计作用 2414.49s 期间的有限元计算结果导出,并按照式(4-9)将累计作用时间和加载次数相对应,得到不同加载次数下的车辙深度,绘制车辙深度—加载次数曲线图,如图 4-25 所示。

车辙数据对比分析　　　　　　　　　　表 4-11

路面结构	实测车辙(mm)	有限元计算(mm)	相对误差(%)
普通级配碎石基层	10.56	9.23	12.6%
高性能级配碎石基层	9.71	8.91	8.2%

通过将有限元计算的结果与加速加载试验实测数据相比较,两种结构的相对误差分别为 12.6% 和 8.2%,误差较小,具有较好的可靠性,同时比较有限元计算和实测数据的车辙深度随加载次数的变化曲线,可发现两者曲线变化趋势较为相近,两者曲线均反映出加载过程中车辙发展规律:本次试验加载,轴载作用 2 万次以内车辙迅速发展且深度较大,加载后期车辙发展相对平缓。通过计算结果分析表明采用有限元数值方法模拟预估沥青路面结构的车辙及其发展规律是有效的,而且以数值模拟方法部分取代现场试验可获得显

著的经济效益。

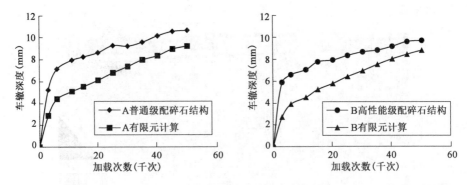

图 4-25 车辙实测数据与有限元计算对比

第5章 二秦高速公路高性能级配碎石基层试验路工程应用

高性能级配碎石基层沥青路面在国内高速公路中的应用相对较少,需要铺筑试验段来对该路面结构的实际使用性能、施工工艺特点等做进一步研究。结合二秦高速公路张家口段的实际条件,在二秦高速公路铺筑试验路,进一步验证高性能级配碎石基层沥青路面结构适用性,为该路面的推广应用提供有关技术资料。

5.1 试验路概况

二连浩特至秦皇岛高速公路是一条连接内蒙古陆路口岸二连浩特与河北省环渤海港口秦皇岛的快速运输通道,是河北省"东出西连、南北通衢"现代综合交通运输体系的重要组成部分,对于实现河北省"经济强省、文化强省"具有重要作用。其中张家口(康保至沽源)段于2013年5月17日经国务院批准,作为二连浩特至广州高速(G55)的联络线(G5516)列入《国家公路网规划(2013—2030)》,路线西起康保县白脑包村(冀蒙界),与内蒙古自治区规划的赛罕塔拉至化德高速公路相接,东至沽源县东滩村,与在建的张家口至承德高速公路(二期)相接,中间在沽源县九连城与"纵5"张石高速互通,路线全长130.126km,设计路基宽度26m,时速100km,主线双向四车道,桥涵设计汽车荷载等级为公路Ⅰ级,沿线路共设康保西、康保南、哈必嘎、九连城枢纽、半拉山、白土窑、东滩等7处互通立交,设康保和沽源2处服务区在九连城分别设置停车区1处,通信分中心1处。在康保西、康保南、哈必嘎、九连城、白土窑5处匝道收费站,在省界设主线收费站1处。在康保南、九连城、白土窑设3处养护工区。

高性能级配碎石基层试验路段起讫桩号为K112+560~K111+800,试验段全长760m,铺筑在右幅路段为双向4车道,行车速度为100km/h,设计年限15年,路基宽度为26m。试验路的路面结构见表5-1和图5-1。

二秦高速公路(张家口段)主线及试验路路面结构　　表 5-1

路面结构		材料名称		厚度(cm)
		二秦高速主线	高强度级配碎石基层试验路	
面层	上面层	细粒式橡胶沥青混凝土 AR-AC-13C		4
	中面层	中粒式沥青混凝土 AC-20C（SBS 改性沥青）		6
	下面层	粗粒式沥青碎石 ATB-25		10
基层	上基层	级配碎石		18
	下基层	水泥稳定碎石基层(5%灰剂量)		18
	底基层	水泥稳定碎石基层(4%灰剂量)		18
土基		—		—

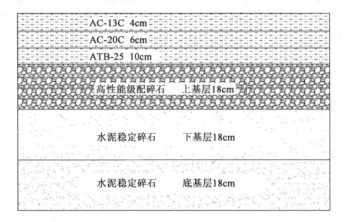

图 5-1　试验路结构示意图

5.2　试验路配合比设计

5.2.1　原材料检测

（1）集料检测

对级配碎石基层各档原材料 0~4.75mm、4.75~9.5mm、9.5~19mm、19mm~31.5mm 部分重要性能指标进行检测，其中检测 0~4.75mm 表观密度时分为 0~2.36mm 和 2.36~4.75mm 两档分别检测，粗集料检测试验结果见表 5-2，细集料检测试验结果见表 5-3。

粗集料检测试验结果　　　　　　　　　表5-2

指　标	单位	试验结果			技术要求	试验方法
		19~31.5mm	9.5~19mm	4.75~9.5mm		
压碎值	%	—	13.7	—	≤25	T 0316
表观相对密度	—	2.654	2.676	2.785	≥2.50	T 0304
吸水率	%	0.54	1.71	0.98	≤3	T 0304
针片状颗粒含量	%	10.6	9.4	12.3	≤18	T 0312

细集料检测试验结果　　　　　　　　　表5-3

指　标	单位	试验结果		技术要求	试验方法
		2.36~4.75mm	0~2.36mm		
表观相对密度	—	2.755	2.764	≥2.50	T 0304 T 0328
液限	%	23.9		≤25	T 0118
塑性指数	%	3.1		≤4	T 0118
砂当量	%	61		≥45	T 0334
亚甲蓝值	g/kg	2.3		≤3.0	T 0349

(2)纤维

高性能级配碎石中聚丙烯纤维掺加量为1‰,纤维的具体技术指标见表5-4。

聚丙烯纤维技术指标　　　　　　　　　表5-4

检测项目	单　位	检　测　值	规　定　值
直径	mm	0.8	0.8~1.1
熔点	℃	162	160~165
弹性模量	MPa	4125	≥3500
拉伸强度	MPa	636	≥500
断裂伸长率	%	—	15±2
长度	mm	25	25±2
耐碱酸度	—	—	强

5.2.2　级配及最佳含水率、最大干密度的确定

(1)级配

对各档原材料进行筛分,结果见表5-5。根据筛分结果进行配合比设计,经过多次试配,确定比例为:(19~31.5mm):(9.5~19mm):(4.75~9.5mm):

$(0\sim4.75\text{mm})=23:31:11:35$。

筛分结构及配比　　　　　　　　　　　表5-5

筛孔尺寸（mm）	31.5	26.5	19	16	13.2	9.5	4.75	2.36	1.18	0.6	0.3	0.15	0.075	比例（%）
19~31.5	100.0	91.7	10.7	3.2	0.9	0.1	0.1	0.1	0.1	0.1	0.1	0.1	0.1	23
9.5~19	100.0	100.0	92.7	71.8	46.7	5.8	0.1	0.1	0.1	0.1	0.1	0.1	0.1	31
4.75~9.5	100.0	100.0	100.0	100.0	100.0	98.5	11.6	1.3	0.9	0.9	0.9	0.9	0.9	11
0~4.75	100.0	100.0	100.0	100.0	100.0	100.0	98.8	66.7	41.6	25.8	16.4	9.8	7.4	35
合成级配	100.0	98.1	77.2	69.0	60.7	47.7	35.9	23.5	14.7	9.1	5.9	3.6	2.7	100
级配中值	100.0	95	78	66	59	49	35	22	15	11	8	6	2.5	
级配上限	100.0	100	85	72	64	54	40	27	18	14	11	9	5	
级配下限	100.0	90	71	60	54	44	30	17	12	8	5	3	0	

(2)最佳含水率和最大干密度

采用振动压实试验方法成型纤维级配碎石试件,不同含水率下的最大干密度结果见表5-6和图5-2,确定最佳含水率为5.6%、最大干密度为2.333g/cm³。

不同含水率下最大干密度　　　　　　　　　表5-6

含水率(%)	4.5	5.0	5.5	6.0
最大干密度(g/cm³)	2.245	2.302	2.336	2.320

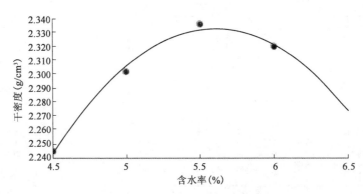

图5-2　不同含水率下高性能级配碎石最大干密度

5.2.3　性能验证

(1)CBR值

对级配碎石试件分别进行不泡水和泡水4昼夜后的CBR试验,结果见表5-7。

试件 CBR 试验结果 表5-7

试验编号	1	2	3	平均值
不泡水 CBR(%)	280.6	330.4	316.7	309.2
泡水4昼夜 CBR(%)	230.4	221.3	265.7	239.1

(2) 无侧限抗压强度

对级配碎石试件进行无侧限抗压强度试验,试验结果见表5-8。

级配碎石无侧限抗压强度试验结果 表5-8

试验编号	1	2	3	4	5	6	7	8	9	10	11	12	13
无侧限抗压强度 R_c(MPa)	1.5	1.8	2.1	1.6	0.9	1.8	1.7	2.0	2.0	1.3	1.7	1.9	1.5
平均值(MPa)	1.7													
标准差	0.327													
偏差系数	19.50%													

$$R_d / (1 - 1.645 C_v) = 1.03 \leq 1.8$$
$$Rc_{0.95} = R - 1.645S = 1.1 \text{MPa}$$

5.2.4 配合比设计结果

高性能级配碎石基层试验路目标级配各档集料比例:(19~31.5mm):(9.5~19mm):(4.75~9.5mm):(0~4.75mm)=23:31:11:35;最佳含水率5.6%,最大干密度2.333g/cm³,见表5-9。同时室内试验得到:不泡水 CBR 值289.2%,泡水4昼夜 CBR 值209.1%;无侧限抗压强度 1.1MPa。

高性能级配碎石配合比设计结果 表5-9

集料	19~31.5mm	9.5~19mm	4.75~9.5mm	0~4.75mm	最佳含水率(%)	最大干密度(g/cm³)
配合比	23%	31%	11%	35%	5.6	2.333

5.3 施工工艺研究

级配碎石的强度主要依赖于集料之间的嵌挤,其强度、模量比稳定类基层低,提高级配碎石基层的强度及稳定性,对减小其在重复车辆荷载作用下的塑性变形累积具有重要意义。同时,级配碎石现场施工有两个重要环节:一是拌和生产,二是现场碾压。只有将级配碎石铺筑成均匀、高密实度的结构层,才能发挥其稳定、耐久的路用性能。因此,本节结合二秦高速公路高性能级配碎石试验路段,对级配碎石基层试验路段施工工艺进行研究。

5.3.1 下承层处理与准备

级配碎石基层摊铺前要保证其下承层平整、密实、路拱适宜,对于下承层松散、软弱或存在严重离析的路段应进行返工处理。施工前应对下承层清扫,以保证其清洁度,摊铺前要对其适量洒水,保证下承层湿润但不能有明显积水。

摊铺前进行测量放样,待铺筑级配碎石基层边缘要用钢模支撑,一方面是确保级配碎石基层边缘压实度,另一方面是防止碎石基层塌边,同时钢膜支撑时应增加5cm宽度用以保证摊铺机宽度与传感器间距之间的调整,做好相应的标记,设置厚度控制线支架,并依据松铺厚度设置好高度控制线。下承层处理与准备的部分细节见图5-3。

图5-3 钢模支撑和摊铺前洒水

5.3.2 拌和生产

1)拌和设备

高强度级配碎石混合料采用拌合站集中拌和,一般情况下,厂拌装置主要由操作控制台、成品仓、配料机组、结合料供给系统、集料输送装置、供水系统、搅拌设备等构成。为了使高强度级配碎石混合料混合更加均匀,采用振动搅拌拌合机替代传统的连续式搅拌拌合机。拌和前应对拌和设备进行反复调试,以保证高强度级配碎石的级配要求。

振动搅拌拌合机是在传统的连续式搅拌拌合机的基础上,将振动合理地施加在该机型的搅拌装置上,同时对搅拌筒的几何参数、搅拌装置的几何参数以及运动参数等进行改进与完善,使物料在搅拌叶片的作用下运动轨迹为左右螺旋线,同时圆周方向的抛洒、剪切运动并沿轴向向出料口移动,在移动的过程中,不断受到强烈搅拌的同时,又受到高频的振动作用,处于震颤状态,从而使集料相互之间混合更加均匀,其试验结果如表5-10及表5-11所示。

振动搅拌混合料的级配检验结果   表5-10

筛孔尺寸(mm)	振动搅拌关键筛孔通过率(%)				设计结果(%)	建议级配范围(%)	方差S^2
	检测结果1	检测结果2	检测结果3	检测结果4			
31.5	98.4	100	100	100	100	100	0.6
19	75.7	76.5	77.9	78.7	75.2	71~85	5.4
9.5	61.6	59.7	55.3	56.9	60.6	54~64	10.9
4.75	39.2	34.6	32.7	35.5	36.9	30~40	7.5
2.36	20.2	22.1	23.4	22.9	23.6	17~27	3.6
0.6	11.3	9.9	9.5	11.1	10	8~14	0.8
0.075	3.3	2.8	3.5	3.2	1.7	0~5	2.3

传统搅拌混合料的级配检验结果   表5-11

筛孔尺寸(mm)	振动搅拌关键筛孔通过率(%)				设计结果(%)	建议级配范围(%)	方差S^2
	检测结果1	检测结果2	检测结果3	检测结果4			
31.5	100	98	97.6	98.2	100	100	3.3
19	70.9	67.5	72.5	80.2	75.2	71~85	27.5
9.5	54.8	55.9	60.6	66.3	60.6	44~54	22.1
4.75	30.1	32.3	39.7	30.9	36.9	30~40	27.8
2.36	22.2	20.4	29.5	26.3	23.6	17~27	13.6
0.6	8.8	7	13.6	15.7	10	8~14	14.0
0.075	3.2	3.4	2.9	5.4	1.7	0~5	5.1

根据表5-10及表5-11中的试验结果可以看出,混合料级配的7个关键筛孔通过率与设计级配曲线相比得到的方差S^2值,振动搅拌均小于传统搅拌。级配的对比试验结果表明振动搅拌机生产相对更稳定,混合料的级配更均匀,更接近设计级配。

2)拌和技术要求

(1)拌和设备要具备性能稳定、自动计量、自动上水、集料供给料斗不少于5个以及生产能力不小于500t/h这五个要点。拌合站生产能力应与摊铺机的摊铺效率相匹配,尽量避免摊铺机待料或运输车辆积压料现象的发生。拌合楼正常生产前,应对拌和设备调试,前几盘料要做筛分,检测是否符合所要求的级配范围,发现问题应及时调整。当料源或集料组成发生变化时,应及时调整设备。

(2)高性能级配碎石是在普通级配碎石拌和中掺入聚丙烯纤维,本次试验路采用人工投放纤维的方式,具体操作如下:3个工人在振动拌缸前的皮带上投放纤维,先根据每分钟混合料产量计算每分钟纤维添加量,纤维掺量为1‰,根据拌合站混合料的均产量700t/h,初定纤维添加量为11.6kg/min。一人计时,二人投放纤维,在规定的时间内将规定量的纤维均匀撒完。拌合站现场添加纤维如图5-4所示。

a)纤维投放设备

b)振动搅拌拌合机

图5-4 高强度级配碎石混合料拌和

(3)级配碎石混合料应拌和均匀,含水率可根据运输距离和施工时天气情况适当提高,一般比最佳含水率大1.0%~2.0%。另外及时检测集料含水率,发生变化时,及时调整拌和时的上水量。

(4)为防止超大粒径集料混入,应在料仓或半缸前设置相应的剔除筛子,为防止料仓窜料,应设置80cm以上的挡板。拌和现场应安排试验人员检测拌合楼出料的含水率和级配,同时检查集料供给时的称量系统,发现有异常情况应及时整改或停止生产。

5.3.3 混合料运输

(1)在级配碎石混合料运达工地之前,对工地具体摊铺位置、运输路线、运距和运输时间、施工条件、摊铺能力以及所需混合料的数量等作详细核对。

(2)运输级配碎石混合料的车辆吨位一般选用约40t,运力应稍有富余,保证摊铺现场要有3~5辆运料车等候,以免发生摊铺机待料。另外严禁运输车辆在已铺筑的结构层上通行。

(3)运料车运料前应清理干净。从拌合楼装料时,为避免粗细集料离析,应尽量缩短下料口和车厢的距离,同时运料车应遵循前、后、中的装料顺序。为保证含水率,运料车应用苫布遮盖。

(4)运料车车轮应保持洁净,以免污染下承层。卸料时应在摊铺机前10~30cm处空挡等候,由摊铺机推进前行,避免撞击摊铺机,以免影响摊铺质量。

5.3.4　摊铺

本次试验路摊铺机械配置情况:两台摊铺机,前后摊铺。具有自动找平、振动夯实功能的大功率且型号和性能相同或相近的摊铺机进行梯队摊铺。高性能级配碎石基层摊铺如图5-5所示。

图5-5　高性能级配碎石基层摊铺

(1)两台摊铺机的搭接宽度应为5~10cm,同时搭接处应避开车道轮迹带。

(2)摊铺机速度宜控制在1.5~3m/min,匀速行进,摊铺能力要与拌和能力相匹配,避免中途停顿停机待料。同时摊铺机后应安排人员消除粗细集料离析,尤其避免局部粗集料"窝"的产生。为避免上下离析,摊铺机料槽挡板下可加装挡料胶皮。

(3)摊铺机外侧用钢丝绳引导控制高程,内侧用架设钢梁的方式控制高程。钢丝绳应张拉平顺,严禁人为干扰。

(4)级配碎石基层的松铺系数和初始压实度由试验段确定,摊铺过程中应随时检查松铺厚度和初始压实度。发现问题,及时调整摊铺机控制参数。

(5)摊铺时应合理选择摊铺机的振幅和振动频率,切实保证混合料的密实度和平整度。

5.3.5　碾压

本次高性能级配碎石试验路碾压设备配备及碾压程序如下。

碾压设备配置情况:两台 XS263E 钢轮振动压路机、一台 SR20M 单钢轮压路机、一台 LRS2030 胶轮压路机。

碾压程序如下:

初压:采用 SR20M 钢轮振动压路机静压 1 遍;

轻振动碾压:采用 XS263E 钢轮振动压路机轻型振压 1 遍;

重振动碾压:采用 XS263E 钢轮振动压路机重型振压 2 遍;

终压:LRS2030 胶轮压路机碾压 2 遍,直至碾压轮迹不明显。

(1)现场施工时,振动压路机应紧跟在摊铺机后面,在摊铺完成后要及时碾压,每次碾压长度控制在 50～80m。碾压段落要层次分明,同时安排人员指挥碾压车辆。

(2)现场压实时,碾压程序应为静压初压、振动碾压、终压,碾压至表面无明显轮迹为止。

(3)碾压速度不宜过快,前两遍速度宜控制在 1.5～1.7km/h,之后碾压中速度宜控制在 1.8～2.2km/h。

(4)在无紧急情况下,压路机不允许制动,换挡应自然平顺,不要拉动基层。初压时,压路机应按照原路倒车返回,在已压好的路段换挡,碾压轮迹重叠 1/2 轮宽,开始下一部分碾压,出现拥包现象要及时铲平。如出现"弹簧""松散"现象应及时处理。

(5)路段碾压结束后应及时检测压实度,铺筑沥青面层前进行现场弯沉值测试。

高性能级配碎石基层碾压如图 5-6 所示。

图 5-6 高性能级配碎石基层碾压

5.4 施工质量检验

5.4.1 原材料及混合料级配

级配碎石生产过程中,在材料批检合格的基础上对表 5-12 中所提的各项目按照表中频度进行抽样检测。此外,没有列入表中的材料的技术指标应按《公路路面基层施工技术细则》(JTG/T F20—2015)的要求进行抽样检查。

原料质量检查的指标与频度　　　　表 5-12

试验指标	频度	目的	试验方法及试验仪器
级配	使用前每档料取 2 个样品进行检测,使用过程中每 2000m^3 取 2 个样品进行检测	检查混合料的级配是否在规定范围内	筛分法
压碎值	使用前取 2 个样品进行检测,使用过程中每 2000m^3 取 2 个样品进行检测,碎石种类变化时取 2 个样品进行检测	检查集料的抗压碎强度在规定范围内	集料压碎值试验
<0.075mm 粉尘含量	使用前取 2 个样品进行检测,使用过程中每 2000m^3 取 2 个样品进行检测,碎石种类变化时取 2 个样品进行检测	评定石料质量	按现行试验规程操作
针片状	使用前取 2 个样品进行检测,使用过程中每 2000m^3 取 2 个样品进行检测,碎石种类变化时取 2 个样品进行检测	评定石料质量	按现行试验规程操作
液限、塑限	使用前取 2 个样品进行检测,使用过程中每 2000m^3 取 2 个样品进行检测	求塑性指数,并判定是否满足规定	液限塑限联合测定法测液限
含水率	每天使用前取两个样品进行检测	确定集料自身含水率	酒精燃烧法及烘干法

拌合厂(站)在生产高强度级配碎石混合料的过程中,必须按表 5-13 规定的项目及频度对级配碎石原材料的质量及级配进行检查,根据结果计算其合格率,并评定其是否能够满足要求,同时单点检验评价法应满足相关试验规程中规定的平行试验要求。

材料的检查频度和质量要求　　　　　　　　　　　　　表5-13

项　目		允许误差及质量要求	单点检验评价方法及检查频度	试验方法
矿料级配	外观	观察集料粗细、均匀性、有无离析、团块等现象	随时	目测
	0.075mm	±2%	每天取样1~2次,取2个试样的平均值进行评定	现场筛分
	2.36mm	±3%		
	4.75mm	±4%	每天取样1~2次,取2个试样的平均值进行评定	
	大于4.75mm	±5%		
含水率		-1.0% ~ +2.0%	据观察,异常时随时检测,取3个试样的平均值进行评定	T 0803
CBR值		符合设计要求	每3000m² 1次,异常时随时增加试验	T 0134
无侧限抗压强度(MPa)		符合设计要求	每个作业段或每2000m²成型6个试件	T 0805

5.4.2 质量检查及验收

为保障高强度级配基层的施工质量,在铺筑过程中一定要对其铺筑质量进行实时监控与检查,其检查项目、频率及允许偏差应满足表5-14中的规定。

检查频度和质量要求　　　　　　　　　　　　　　　表5-14

项　目	允许偏差或质量要求	检查频率	试验方法
现场含水率	-1.0% ~ 2.0%	根据观测,异常时随时测	T 0803
外观、离析	表面密实且平整、不能出现明显轮迹、推挤及离析等不良现象	随时	目测
压实度(%)	98	每作业段或不大于2000m²至少检查6次	T 0921
弯沉值(0.01mm)	实测	每1km内每个车道检测40~50点	贝克曼梁或FWD
接缝(mm)	5	逐条缝检测评定	T 0931
厚度(mm)	+5,-8	每作业段或不大于2000m²至少检查6次	T 0912
平整度(mm)	8	每200延米选择2处,每处连续12尺	T 0931
宽度(mm)	符合设计要求	每40延米1处	T 0911
纵断高程(mm)	+5,-10	每20延米取1断面,每断面取3~5个点	T 0911
横坡(%)	±0.3	每100延米取3处	T 0911

施工过程中,应随时检查基层的外观,以保证基层表面平整无裂缝,干净整洁,没有出现拥包坑洼及松散离析等不良现象。若出现严重损害情况应及时修补,必要时进行返工处理。施工时一般采用3m直尺法进行平整度检测,尤其是在接缝和构造物的连接处,其平整度需严格监测,确保平整度满足要求。基层施工过程中的关键工序、创新处以及主要部位等需留影像资料,在资料归档中,作为实态记录及保存资料的一部分。

5.4.3 现场检测试验结果

现场检测是在拌合站运行稳定后在皮带上取1m材料取料筛分。各档碎石的筛分结果与配合比设计时相差并不大,均在级配范围内,见表5-15,说明拌合楼生产稳定可用于试验段生产。

拌合站混合料的级配检测 表5-15

筛孔尺寸(mm)	31.5	26.5	19	16	13.2	9.5	4.75	2.36	1.18	0.6	0.3	0.15	0.075
级配上限	100.0	100	85	72	64	54	40	27	18	14	11	9	5
级配下限	100.0	90	71	60	54	44	30	17	12	8	5	3	0
级配中值	100.0	95	78	66	59	49	35	22	15	11	8	6	2.5
目标级配	100.0	98.1	77.2	69.0	60.7	47.7	35.9	23.5	14.7	9.1	5.9	3.6	2.7
拌合站取料筛分	100.0	94.0	73.6	66.9	61.9	50.8	36.1	23.4	16.7	11.8	7.5	4.3	1.8

拌合站取料如图5-7所示。高强度级配碎石级配及含水率检测如图5-8所示。

图5-7 拌合站取料

  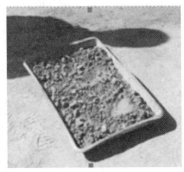

图 5-8　高强度级配碎石级配及含水率检测

本次高性能级配碎石试验路现场压实度控制标准,采用试验段配合比设计结果($2.333g/cm^3$)控制现场压实度,本试验段采用灌砂法检测压实度(图 5-9)。关于压实度的标准,《公路路面基层施工技术细则》(JTG/T F20—2015)要求粒料类基层压实度应不小于 99%。通过纤维掺量检测发现,本次试验路段纤维掺量不均匀,总体掺量偏高,建议以后大规模施工时开发专用的纤维投放设备,可均匀掺配纤维。现场检测数据见表 5-16。

a)含水率检测　　　　　　　b)压实度检测　　　　　　　c)纤维分布

图 5-9　现场检测

现场检测数据表　　　　　　　　表 5-16

检测点桩号	K112+410	K112+340	K112+220	K112+140	K111+960	K111+860	平均值
含水率(%)	5.8	6.3	5.9	6.2	5.6	6.1	6.0
压实度(%)	100.3	99.2	99.8	98.1	98.9	101.7	99.7
纤维掺量(‰)	1.8	1.2	0.9		1.1		1.3

5.4.4 养护及交通管制

每当一段基层碾压完成后,应立即检查基层的施工质量,当基层整体施工完成之后,应该晾晒,严禁再进行振动碾压。待含水率小于3%后喷洒沥青透层油,起到封水的作用,以免雨水的冲刷对级配碎石表面造成破坏,并尽快铺筑面层。铺筑路面面层时,级配碎石基层表面应保持干净、整洁、平整、无污染的状态并严禁一切车辆通行。在必须要通车的特殊条件下,应采取相关的措施避免车辆快速行驶,禁止紧急制动和急转弯等,其中,车辆行驶速度不能超过20km/h。

参 考 文 献

[1] 杨光.半刚性基层长寿命沥青路面典型沥青混合料疲劳性能研究[D].北京:交通运输部公路科学研究所,2014.

[2] 袁宏伟.沥青路面典型基层材料和结构性能试验与工程对比研究[D].西安:长安大学,2010.

[3] 徐华.半刚性基层沥青混凝土路面反射裂缝扩展和疲劳寿命研究[D].南宁:广西大学,2012.

[4] 朱玉琴.半刚性基层沥青路面设计控制指标研究[D].南京:东南大学,2019.

[5] 徐鸥明.牧区道路粒料基层材料特性研究[D].西安:长安大学,2004.

[6] 魏道新.半刚性基层沥青路面损坏模式与结构优化研究[D].西安:长安大学,2010.

[7] 朱洪洲.柔性基层沥青路面疲劳性能及设计方法研究[D].南京:东南大学,2005.

[8] 王明昌,徐士启,王乐福,等.半刚性路面基层冲刷唧浆的影响因素与防治[J].公路,1998(8):45-49.

[9] 李晓明,栗启元,史景宏.高等级公路半刚性基层沥青路面维修特性分析[J].1999(10):26-31.

[10] 毛顺茂,钟骏扬.级配碎石基层沥青路面的作用机理及应用研究[J].南昌工程学院学报,2005(4):43-47.

[11] Lentz, R. W. Permanent deformation of a Cohesionless Subgrade Material Under Cyclic Loading[J]. PhD Dissertation, Michigan State University, East Lansing, USA,2003.

[12] 王树森.级配碎石基层材料组成设计与工艺控制的研究[J].公路,2001(2):75-79.

[13] 曹建新.重载交通下级配碎石基层材料组成结构与动力特性的研究[D].哈尔滨:哈尔滨工业大学,2001.

[14] 曹建新,王哲人,孙耀东.按紧排骨架—密实原则设计级配碎石基层[J].中外公路,2004(2):77-80.

[15] 王哲人,曹建新,王龙,等.级配碎石混合料的动力变形特性[J].中国报,2003(1):23-27.

参考文献

[16] 莫石秀,马骉,王秉纲.级配碎石基于 CBR 的关键筛孔合理范围确定[J].广东公路交通,2006(1):38-40.

[17] 马骉,莫石秀,王秉纲.基于剪切性能的级配碎石关键筛孔合理范围确定[J].交通运输工程学报,2005(4):27-31.

[18] 何兆益.碎石基层防止半刚性路面裂缝及其路用性能研究[D].南京:东南大学,1997.

[19] 陈国明,江厚权,顾洪江,等.粉煤灰级配碎石混合料试验研究[J].公路,2005(2):100-103.

[20] 王树森.级配碎石基层材料组成设计与工艺控制的研究[J].公路,2001(2):75-79.

[21] 王军智,王生.柔性路面级配碎石底基层施工质量控制[J].广东公路交通,1995(4):77-79.

[22] 栗振锋,Erol Tutumluer.基于横观各向同性的沥青路面设计理论及方法[M].北京:水利水电出版社,2007.

[23] 李福普,严二虎.沥青稳定碎石与级配碎石结构设计与施工技术应用指南[M].北京:人民交通出版社,2009.

[24] 周卫峰,李彦伟,苗乾,等.纤维级配碎石性能研究[J].建筑材料学报,2015(6).

[25] 金安.国外沥青路面设计方法总汇[M].北京:人民交通出版社,2004.

[26] Alex Adu-Osei. Characterization of unbound granular layers in flexible pavements[J]. Aggregate Foundation for Technology,1995.

[27] Section Standard specification for Highway Construction of Road sand Bridges on Federal Highway projects[J]. U. S. Department of Transportation. Federal Highway Administration,1996.

[28] Arthur, JRF, Menzies, BK. Inherent anisotropy in a sand[J]. Geotechnique,1972,22(1):115-128.

[29] Ochai, H&Lade. Three dimensional behaviour of sand with anisotropic fabric[J]. Journal of Geotechnical Engineering,ASCE,2003.

[30] Arthur JRF, Chua KS,Dunstan T. Induced anisotropy in a sand[J]. Grotechnique, 2001.

[31] 袁峻.级配碎石基层性能与设计方法的研究[D].南京:东南大学,2004.

[32] 交通运输部公路科学研究院,等.公路路面基层施工技术细则:JTG/T F20—2015[S].北京:人民交通出版社股份有限公司,2015.

[33] 交通部公路科学研究院,等.公路工程无机结合料稳定材料试验规程:JTG E51—2009[S].北京:人民交通出版社,2009.

[34] 交通部公路科学研究院,等.公路土工试验规程:JTG E40—2007[S].北京:人民交通出版社,2007.

[35] 王浩,陈华鑫.基于正交试验的沥青路面结构力学响应参数敏感性分析[J].中外公路,2017:47-50.

[36] 姚祖康.沥青路面结构设计[M].北京:人民交通出版社,2011.

[37] 中交路桥技术有限公司,等.公路沥青路面设计规范:JTG D50—2017[S].北京:人民交通出版社股份有限公司,2017.

[38] 廖公云,黄晓明.Abaqus有限元软件在道路工程中的应用[M].2版.南京:东南大学出版社,2014.

[39] 付凯敏.沥青路面结构车辙模拟及抗车辙性能研究[D].南京:东南大学,2008.

[40] 黄菲.沥青路面永久变形数值模拟及车辙预估[D].南京:东南大学,2006.

[41] 松冈元.土力学[M].北京:中国水利水电出版社,2001.

[42] 李广信.高等土力学[M].北京:清华大学出版社,2004.

[43] 何成勇.云南高海拔地区级配碎石基层材料组成及性能研究[D].重庆:重庆交通大学,2008.

[44] Standard specification for graded aggregate material for bases or sub-bases for highways or airports[J]. ASTM Document Summary, 2003:55-58.

[45] 任威.级配碎砾石材料性能分析[J].中国科技纵横,2011(8):55.

[46] Basyouny, Witczak, Kaloush. Development of the permanent deformation models for the 2002 design guide[J]. TRB, 2005.

[47] 朱照宏,王秉刚,郭大智.路面力学计算[M].北京:人民交通出版社,1985.

[48] 邓学钧,黄卫,黄晓明.路基路面工程[M].北京:人民交通出版社,2000.